윤리란 무엇인가

— 주제와 역사 —

최 유 신 지음

윤리란 무엇인가

— 주제와 역사 —

최 유 신 지음

철학과현실사

머리글

 호모 사피엔스(Homo Sapiens)로서의 인간은 자연의 다른 존재와 다르다는 면에서 그 특징을 여러 가지로 규정지을 수 있을 것이다. 그러나 다른 무엇보다도 인간은 도덕적 혹은 윤리적 존재라는 것이 인간의 가장 큰 특징 중 하나일 것이다. 신이 있다는 믿음, 인간에게 양심이 있다고 주장하는 것, 혹은 이성이 있다고 주장하는 것도 결국 인간은 도덕적 존재라는 것을 말해주는 것이다.

 우리는 아주 어릴 때부터 부모로부터 "그렇게 하면 안 돼요", "이렇게 해야죠", "착한 사람이 되어야 해요", "훌륭한 사람이 되어야 해요" 등의 말을 수없이 들으면서 자란다. 바로 이와 같은 모든 권고, 명령, 혹은 금지의 말들이 도덕과 윤리에 관련된 말들이다. 이것은 인간이 제대로 살아가려면 도덕적 존재가 되지 않을 수 없다는 것을 단적으로 말해주는 것이다. 인간은 사회적 동물이기 때문에 본성적으로 혹은 존재론적으로 도덕적 존재이다. 인간은 홀로 살아갈 수 없다. 나는 인간이 만들어내는 것 중에서 가장 아름다운 최고의 걸작품이 조화를 이루는 공동체라고 생각한다. 가족공동체, 종족공동체, 지역공동체, 민족공동체, 국가공동체, 지구공동체, 그리고 자연과 공존하는 넓은 범위의 자연공동체, 이 모든 공동체들이 각 공동체 안에서 그리고 다른 공동체들 사이에서 조화와 균형을 이룰 때 인간은 가장 아름다운 작품을 만들어내고 행복을 느낀다고 생각한다. 이러한 공동체를 엮어나가는 데 가장 중심을 이루는 날줄과 씨줄이 도덕이다. 건전하고 건강한 공동체가 이루어지기 위해서는 그 기반에 건강한 도덕이 있어야 한다.

요즈음같이 급변하는 세상에서 귀가 따갑도록 듣는 말이 있다. "세상이 말세다", "도덕이 땅에 떨어졌다", "도대체 권위라는 것을 찾아볼 수 없다." 그러나 이런 말들은 오늘날만 듣는 것이 아니라 세대가 바뀔 때마다, 세상이 변화를 겪을 때마다 나온 소리들이다. 그래도 세상은 여전히 망하지 않고 이어왔다. 이러한 현상이 시사하는 바가 무엇일까? 도덕은 변한다는 것이다. 일반적으로 변화된 시대는 변화된 도덕을 요구하고 있다는 말이다. 물론 인간의 삶에는 자연의 세계에 불변하는 어떤 원리와 원칙이 있듯이 사랑, 인권, 정의, 자유 등의 불변의 가치와 원리들이 있다고 생각한다. 그러나 불완전한 인간이 구성하는 윤리와 도덕은 과거에도 미래에도 어느 시대에도 완전하지 못하다. 그것은 더 성숙된 것으로 발전되어 가야 하고 또 역사는 그렇게 되어 왔다는 것을 보여준다. 그러므로 과거의 도덕과 윤리는 늘 비판받으면서 성숙되어 간다고 볼 수 있다.

비판은 음미를 말하는 것이고 반성을 말하는 것이다. 인간에게 자기비판이 없다면 그것은 고인 물과 같다. 고인 물은 썩는다. 흐르는 물만이 썩지 않는다. 철학의 근본정신을 성숙을 향한 비판정신이라고 말한다면 철학의 한 분야인 윤리학도 인간의 더욱 성숙한 삶을 위해서 인간의 도덕적 삶에 대한 비판적 작업이라고 말할 수 있다. 윤리학은 바로 우리에게 주어진 도덕과 윤리를 우리 시대의 눈으로 재음미하고 평가해서 우리의 것으로 만들어가는 작업이다. 철학은 특수한 어떤 하나에 매달려서 그것을 풀려는 것이 아니고, 생각할 수 있는 모든 경우에 적용될 수 있는 보편적인 원리를 추구하는 작업이라고 볼 때, 우리의 도덕적 삶을 보편적으로 반성해보는 작업은 대학생으로서 필수적인 일일 것이다.

윤리학 강의를 처음 시작한 지 벌써 15년도 훨씬 넘었다. 강의 교재로 전통적인 윤리학 교과서에서부터 새로 나온 교재까지 다양하게 써보았다. 이런 경험을 통해서 나 나름대로 강의하기 좋은 윤리학 개론서를 만든다고 해보았으나 영 마음에 흡족치 못하다. 아직 나는 성숙된 나만의 윤리체계라고 할 만한 것을 내놓을 능력이 없다. 그래서 이 책은 한 철학자의 사상을 써내려간 책이 아니다. 이 책은 서양 역사상에 나타났던 윤리적 주제와 용어들 중 중요하다고 여겨지는 것들을 1편에서 정리했고, 2편에서는 서양 역사에 나타났던 두드러진 윤리사상을 플라톤으로부터 칸트까지 다룬 다음에 현대 윤리학의 여러 가지 특징들을 다루었다. 오랜 강의를 통해서 철학 강의는 그 주제와 역사를 같이 이해할 때에 더 확실한 이해가 된다는 것을 느꼈다. 윤리학사만을 공부하면 길을 하나씩 더듬어 가지만 여행의 전체 노정에서 어디쯤에 내가 와 있는지, 그리고 어떤 유형의 길을 가고 있는지 모를 수 있다. 그러나 출발하기 전에 미리 전체 지도를 봄으로써 여행을 하는 도중에도 내가 어디에 와 있는지, 내가 어떤 유형의 길에 와 있는지를 알 수 있다. 그래서 1편에서 윤리학 전체에 대한 조감도를 본다고 생각하고, 2편 윤리학사에서 구체적으로 하나씩 살펴본다고 생각하면 되겠다. 그리고 내가 어떤 철학이고 철학 이야기를 할 때마다 먼저 꺼내놓는 이야기를 '철학이 한국 학생들에게 필요한 이유'에서 해보았다. 본론에 들어가기 전에 꼭 읽을 것을 권한다.

윤리학 비슷한 책을 전혀 읽어보지 않은 독자들에게는 이 책만을 읽는 것으로는 이해하기 어려운 부분도 없지 않아 있을 것이다. 2편 서양 윤리학사보다는 특히 1편 윤리학의 주제에서 그런 부분이 더 많이 있을 수 있다. 그러나 2편을 읽어 내려가면서 앞에서 이해하지 못했던 부분들 거의 대부분을 이해하게 될 것이라고 생각한다. 다 이해가 가지 않는 부분과 보충되어야 할 부분은 이것을 교재로 사용하는 교수들의 강의에서 채워질 것이라고 생각한다. 그리고 이 책을 읽고서 윤리학에 대한 관심이 생긴다면 윤리학자 한 사람 한 사람의 원전을 읽는 시도를 하면 좋겠다. 원전을 읽을 때 더욱 깊은 이해가 올 것이기 때문이다. 독자들의 따가운 질책을 기다리면서 이 책을 세상에 내놓는다.

차 례

제 2 편   윤리사상 : 서양 윤리사상사

제 1 부   고전 윤리학

제 2 부 현대 윤리학

철학이 한국 학생들에게 필요한 이유

1. 들어가는 말

철학 수업에 처음으로 참여하는 학생들에게 철학이 무엇을 하는 학문이라고 생각하느냐고 물으면 대부분의 학생들은 쉽게 대답을 하지 못한다. 사실 철학은 무엇을 하는 학문인지, 그 이름만 듣고서는 쉽게 알 수가 없다. 일반적으로 다른 학문들은 그 이름만 들어도 무엇을 연구하는 학문인지를 금방 알 수 있다. 예를 들어, 물리학, 법학, 의학, 경영학, 국문학 등 대부분의 학문은 이미 이름 자체가 무엇을 하는 학문인지를 말해주고 있다. 그러나 철학은 그 이름만 듣고서는 정체를 알 길이 없다. 그렇다고 다른 학문이 그 이름에서 보여주듯이 '철'에 관한 학문도 아니니 말이다.

철학은 그 이름에서부터 우리의 먹고 사는 일상적 생활과는 한참 거리가 떨어져 있는 것 같다. 그러나 철학이 금방 감이 잡히지 않는 이름을 가진 것은 다른 개별학문처럼 어느 것 하나에 집중해서 그것만을 연구하는 개별학문과는 달리, 우리의 눈에 당장 드러나지 않는 현실의 밑바닥이나 배후에 서서 어떤 것 하나를 바라보지 않고 전체적으로 조명하는 학문인 데서 기인한다고 볼 수 있다. 사실 현대의 모든 학문은 근세 이후 철학에서 분가한 자식들이다. 모든 학문이 철학에서 시작했듯이, 분리된 모든 학문들은 다시 철학에 의해서 통전적(統全的) 시각으로 비판될 필요가 있다. 그래서 모든 학문은 학문의 역사가 더해 갈수록 철학을 필요로 하고 있다. 언어철학, 법철학, 경영철학, 과학철학, 심지어는 체육철학 등처럼 오늘날의 거의 모든 학문은 뒤에 철학이라는 말을 붙여, 스스로의 학문을 비판적으로 연구하는 철학적 작업을 하고 있다. 이것은 분화된 학문은 전체의 지식체계 속에서 자신의 자리 매김을 하고 자신의 방향과 목적을 다시 살펴보아야 한다는 것을 단적으로 보여주고 있는 증거이다.

그런데 이 글에서는 철학이 무엇인가에 관한 학문적 이야기를 하기보다는 우리의 일상적 삶과 관련해서 철학의 유용성에 초점을 맞추려고 한다. 즉, 철학을 함으로써 우리가 얻을 수 있는 것이 무엇이며, 그것이 현실생활에서 특히 현대사회와 미래사회에서 얼마나 중요한 것인가를 논하고자 한다. 그럼으로써 21세기의 한국을 사람이 살 만한 사회로 만드는 데 있어서, 무엇보다도 철학교육 특히 철학자들에 의한 논리와 윤리의 교육이 이루어지는 것이 필수적임을 이야기하고자 한다.

나는 대부분의 수업시간을 학생들이 둥그렇게 둘러앉은 가운데에 서서 설명하고, 질문하고, 답변을 하면서 토론을 유도한다. 내가 이런 식의 수업을 즐기는 것은 학생들과 대화를 하고 싶어서이다. 일방적 강의와 필기가 아니라, 대화하는 수업을 통해서, 교수와 학생 간에 그리고 학생들 간에도 서로 묻고 대답할 수 있는 기회를 제공함으로써 발표하는 법, 대화하는 법, 토론하는 법, 말하는 법을 가르쳐주고 싶어서이다. 이것을 구태여 가르쳐주고 싶은 이유는 한국의 중고등학교 교육은 철저하게 대화와 토론과는 정반대의 교육을 하기 때문이다. 실제로 이런 식의 강의를 할 때 6년 이상을 일방적으로 듣고 필기하고 질문 한번 하지 않았던 학생들은 매우 어색하다고 한다. 서로 바라보는 것조차 어색하다는 것이다.

한국의 교육제도에 크게 문제가 있다는 것은 어제오늘만의 문제가 아니고, 이제는 세상 사람이 다 아는 상식이 되어 버렸다. 지구상에서 공부 때문에 자살하는 학생이 가장 많은 나라이다. 한국 교육의 문제점이 한두 가지가 아니고 그 성격이 총체적이지만, 대화와 질문과 토론이 없는 교육은 무엇보다도 심각한 문제이다. 내가 이렇게 생각하는 이유는 교육에서 가장 중심이 되어야 할 것은 말의 교육이라고 생각하기 때문이다. 말은 인간의 가장 근본적 삶의 조건이기에 그렇다. 대화와 토론식의 교육이 중요하다는 것을 알면서도, 이렇게 이끌어 나갈 선생도 별로 없고, 또 현재의 대학 입학을 위한 교육은 이런 식의 교육이 발붙일 틈을 조금도 허용치 않고 있다.

2. 말과 철학 그리고 말의 중요성

철학을 함으로써 우리가 얻는 것이 무엇인가? 여러 가지가 있겠지만, 우리의 현실생활과 관련시켜 볼 때, 무엇보다도 대화하는 능력을 얻을 수 있는 데 있다. 철학은 말을 제대로 할 수 있는 능력을 가르쳐준다고 해도 틀린 말이 아닐 것이다. 서양철학의 아버지라고 볼 수 있는 플라톤의 스승인 소크라테스는 진리를 찾아 나아가는 방식을 대화를 통해서 펼쳐나갔지, 칠판의 강의를 통해서 풀어나가지 않았다. 대화를 통해서 대화의 참여자가 스스로 진리를 깨달아 나아갈 수 있는 길을 열었다는 것을 볼 때, 철학은 대화의 학문이라고 이야기해도 과언이 아니다.

말이 얼마나 중요하기에 기독교의 경전은 태초에 말씀(Logos)이 있었고, 그 말씀으로 세상을 창조했다고 말했겠는가? 철학에서 사용하는 논리의 법칙이기도 하고 역사발전의 법칙이기도 한, 변증법(Dialectics)이라는 용어는 바로 그 어원이 대화(Dialogue)와 같다. 변증이란 용어의 'lect'와 대화의 'logue'는 둘 다 '말하다'라는 뜻을 가지고 있다. 발전의 법칙인 변증법도 결국 대화에서 나왔다는 것을 볼 때, 철학에서 '말'이라는 것이 얼마나 중요한지를 보여주고 있다.

철학은 또한 비판정신의 함양이라고도 하는데, 흔히 우리는 비난은 하지만 비판은 할 줄 모른다는 말을 듣는다. 이 비판은 무엇을 말하는가? 어떻게 하는 것이 비판인가? 비판은 무엇으로 하는가? 비판 역시 말로 하는 것이다. 비판을 제대로 하기 위해서는 우선 상대방의 말을 잘 들어야 하고, 상대방의 이야기의 문제점을 발견하고, 내 의견을 제대로 말해야 하는 것이다. 비판을 제대로 하려면 말을 제대로 해야 한다는 말이 되기도 한다.

인간을 만물의 영장이라고 하는 이유 중의 하나가 바로 말을 할 수 있는 능력을 갖추었다는 데 있다는 것을 보아도, 인간은 언어의 존재라고 정의를 내려도 무방하다. 인간에게 말이 없었다면 어떻게 문명과 문화가 가능했겠는가? 인류가 만든 정치제도 중에서 가장 최선의 제도가 민주주의라고 한다. 민주주의는 말로써 하는 정치를 말한다. 민주주의가 이루어지는 곳에서는 언로가 열려 있다. 말의 잔치가 이루어진다. 말의 꽃이 피어난다. 그렇지 않고 독재와 전제가 있는 곳에서는 말은 침묵을 당하고 억압되어서 왜곡된다.

이 민주주의 제도는 입법부, 행정부, 사법부가 서로 견제와 균형을 이룸으로써 가능하다. 그런데 이 세 부서 중에서 민주주의의 꽃이라고 불릴 수 있는 곳이 입법부이다. 입법부 혹은 국회는 무엇을 하는 곳인가? 국민의 대표들이 모여서 무엇을 하는가? 국사를 논의하고 토론하는 곳이다. 생각을 달리하는 여(與)와 야(野)가 모여서 말싸움을 하는 곳이다. 말로써 내 견해를 표명하고, 말로써 상대의 견해를 비판하고 그리고 상대의 말에 내 의견을 수정해서 새로운 합의를 이끌어내는 곳이다. 소위 변증법적으로 대화를 이루어 합의를 이루어내야 하는 곳이다. 그런데 어려서부터 말싸움의 교육을 제대로 받지 못한 우리의 국회의원들은 말싸움을 해야 할 곳에서 몸싸움의 촌극을 전 국민이 바라보는 앞에서 아무런 부끄러움 없이 벌이고 있다. 미개한 사람과 미개한 나라일수록 몸싸움을 할 것이고,

문명화된 사람과 문명화된 나라일수록 말로써 싸움을 한다고 말하는 것은 지나친 말일까?

대화라는 것이 왜 인간에게 필요하게 되었나? 한마디로 사람들은 한결같이 서로 다르기 때문에 대화가 필요하게 되었다. 서로의 생각과 의견이 똑같다면 무슨 대화가 필요하겠는가? 서로 다르기 때문에 대화가 필요한 것이다. 서로 다른 인간들 사이에는 갈등이 불가피한 것이다. 갈등은 일종의 싸움을 일으킨다. 인간은 싸움을 통해서 갈등을 해결한다. 이렇게 볼 때 인간에게는 싸움 또한 불가피하다고 볼 수 있다. 문제는 무엇을 가지고 싸움을 하는가이다. 주먹으로 싸움을 할 것인가, 말로 싸움을 할 것인가이다.

우리는 주먹으로 문제를 해결하는 것을 동물적 혹은 원시적 방법이라고 한다. 신은 동물과 달리 인간에게 훌륭한 싸움의 무기인 말을 주었기 때문이다. 인간이 인간이 될 수 있는 이유는 말로 싸움할 수 있기 때문이다. 모든 행복한 부부는 싸움을 하는 것이 정상이다. 싸움이 없다는 부부야말로 문제 있는 부부이다. 문제는 무엇으로써 부부싸움을 하느냐이다. 말로 하는가, 주먹과 야구방망이를 가지고 하는가이다. 행복한 부부는 말로 싸움을 한다. 말의 교육을 제대로 받지 못한 이들은 말로 싸울 줄 모르기에 주먹이 날아간다. 정말이지 말싸움을 제대로 할 줄 모르기 때문에 괴롭고 추하게 사는 인생들이 우리 주변에는 너무도 많다.

우리는 가정에서 무엇으로 아이들을 교육시키는가? 말로써 시켜야 하지 않겠는가? 아이들에게 부모들의 말의 권위가 서야 제대로 된 교육을 시킬 수 있다. 나는 미국의 어머니들의 말의 권위가 한국의 어머니들의 말의 권위보다도 엄청나게 크다는 것을 종종 볼 수 있었다. 조용히 앉아 있어야 할 공공장소에서 뛰어다니는 아이들에게 서양의 어머니들은 단 세 번의 말의 충고로 효과를 발휘하지만, 한국의 어머니들이 아이들을 잡으려고 아이들과 같이 뜀박질을 하고 물리적 힘을 가해도 아이들은 막무가내이다. 이것은 우리가 어려서부터 제대로 말하는 법을 배워보지 못한 문화에서 자란 배경에 기인한다고 생각한다. 우리는 연애할 때 무엇으로 하는가? 6년 내내 소위 일류대학을 가기 위해서 그렇게도 열심히 외운 영어와 수학의 공식을 가지고 하는가? 아니다. 말을 가지고 한다.

자본주의란 무엇인가? 자본주의는 시장에서 이루어진다. 시장은 어떤 곳인가? 말이 난무하는 곳이다. 근세철학의 시조 중의 한 사람인 영국의 철학자 프랜시스 베이컨(Francis Bacon, 1561-1626)이 말한 시장의 우상이 바로 그것을 말해주고 있다. 모든 기업들은 좋은 물건을 만들어 국내시장 혹은 외국시장에서 물건을 팔기 위해서 선전한다. 무엇으로 선전을 하는가? '말'이다. 내 물건이 좋다는 것을 '말'로 바이어들(Buyers)에게 설득시켜야 한다. 장사를 잘한다는 것은 말을 잘한다는 것이 아닌가? 장사를 하는 기업에 취직하려는 졸업생들은 제대로 된 말을 해야 할 수 있지 않을까? 세계화되어 가는 오늘날, 나라와 나라 간의 외교는 내치(內治) 못지않게 중요하다. 외교가 하도 중요하기에 요즈음은 외교전(外交戰)이라는 말까지 쓰고 있다. 이 중요한 외교전의 무기가 무엇인가? '말'이 아닌가?

3. 말과 논리와 교육

우리는 흔히 이런 말을 듣고 또 우리가 직접 하기도 한다. "어디 말이 말 같아야 말이지", "어디 그게 말이 되냐?", "말도 안 된다." 이 말들은 무엇을 뜻하는가? 말이라고 해서 다 말이 아니란 뜻이다. 제대로 된 말이 되려면 어떤 조건을 갖추어야 한다는 말이다. 어떤 말을 제대로 된 말이라고 할 수 있을까? 그것은 아마도 '조리 있는 말'을 두고 하는 말일 것이다. 조리가 있는 말이란 어떤 말인가? 말의 앞뒤가 이치가 맞고 논리가 선 말을 두고 하는 말이 아닌가? 즉, 논리적으로 체계가 선 말을 말한다. 말과 논리는 떼려야 뗄 수 없는 관계이다. 왜냐하면, 말은 생각을 표현한 것인데, 우리의 생각은 아무렇게나 이루어지지 않기 때문이다. 생각에는 따라야 할 법칙이 있고, 논리가 있고 체계가 있기 때문이다. 그래서 우리의 생각을 표현한 말에는 말하는 법 즉, 어법과 문법이 있는 것이다. 결국 제대로 된 말이란 논리가 선 말을 뜻하는 것이다.

말이 논리와 얼마나 밀접한 관계에 있는가는 그 어원을 살펴보아도 알 수 있다. 논리학은 'Logics'인데 이 용어는 바로 말을 뜻하는 'Logos'에서 나온 것이다. 그리고 학문을 뜻하는 'logy'가 (예를 들어, Psychology, Biology, Geology 등) 바로 'Logos'와 'Logic'과 관련되어 있는 어미(語尾)라는 것을 볼 때, 말과 학문은 논리와 뗄 수 없는 관계임을 알 수 있다. 논리학은 모든 학문의 기본적 도구이다. 불교의 팔정도(八正道)에는 정언(正言)과 정사(正思)가 모두 있는데, 이 정언은 바로 정사에서 나오는 것이다. 물론 이 바른 생각이라는 것에는 윤리적 의미도 담겨 있겠지만, 그 윤리적 사고 역시 논리적 체계가 선 말을 통해서 표현되어야 하는 것이다. 현대철학의 가장 큰 조류 중의 하나가 러셀(Bertrand Russel, 1872-1970)과 비트겐슈타인(Ludwig Wittgenstein, 1889-1951) 같은 철학자들이 강조한 논리학과 언어인 것을 보면, 철학은 말과 논리와 밀접한 관련이 있음을 알 수 있다.

인간의 삶은 말에서 시작하고 말로 끝난다고 볼 수 있다면 우리는 제대로 된 말을 하며 사는 인생을 살아야 하지 않을까? 인간을 사회적 동물이라고 하는데, 사회적 존재를 가능케 하는 것이 바로 말이다. 오늘날 강조되는 전인교육에서 가장 기본이 되어야 할 교육이 바로 말의 교육이다. 제대로 된 말은 논리가 선 말이고, 논리와 말은 철학과 밀접한 관련이 있다면, 제대로 된 인생을 살려면 철학은 필수적이라고 말할 수 있지 않을까? 그런데 우리의 전통적 문화와 중고등학교 교육은 말과 토론의 교육과는 너무나도 거리가 멀다.

일반적으로 우리는 어릴 때부터 말의 표현보다는 말의 자제에 익숙해 있다. 물론 오늘날의 젊은이들에게는 얼마든지 자신의 의사를 표현할 자유가 주어져 있다. 그러나 한국의 중고등학교 교육은 구조적으로 말을 제대로 할 기회를 박탈하고 있다. 앞에서도 이야기했듯이 우리의 교육제도는 암기식 교육을 강제하고 있기 때문에 학생들이 질문하고 토론할 기회라는 것은 전무하다 해도 과언이 아니다. 서양학생들의 수업을 보면, 서로 말을 하려고 해서, 선생이 누구에게 말을 시켜야 할지를 모를 정도이다. 우리의 학생들은 질문할 거리가 없고 발표는 서로 안 하려고 한다. 중고등학교 시절에 한번도 질문해본 적이 없는 학생들이 부지기수이다. 우리 부모들이 "오늘 학교에서 무엇을 배웠니?"라고 물을 때, 유태인의 부모들은 "오늘 무엇을 질문했니?"라고 묻는다. 이 한마디의 질문에서 우리는 유태인의 교육방식이 우리보다 훨씬 더 철학적이라는 것을 엿볼 수 있다.

4. 맺는 말

제대로 된 말을 하기 위해서 철학교육은 필수적이다. 철학은 철학의 지식을 전달하는 것이 아니라, 철학하는 법을 가르치기 때문이다. 말 같은 말이 오가는 사회, 남의 말을 경청하는 사회, 제대로 된 말이 꽃을 피우는 가정과 사회, 말이 지켜지는 신용사회, 이것이 지금의 우리 사회에 가장 필요하다. 우리 사회가 어려서부터 제대로 말의 교육을 시킬 때 우리에게도 토론의 문화가 정착이 되고, 살 만한 사회가 이루어지고, 말과 토론을 말살시키는 오늘날의 교육이 싫어서 한국을 떠나는 사람들을 잡을 수 있을 것이다.

이러한 말과 토론의 교육이 이루어지기 위해서는 철학교육은 불가결한 것이다. 가능하면 초등학교 시절부터 논리와 윤리의 교육이 실시되어야 한다. 많은 사람들이 논리와 윤리는 상관이 없는 것으로 생각하기 쉬우나, 윤리에서 논리의 면이 얼마나 중요한지 모른다. 왜냐하면, 윤리학이란 전통도덕을 잘 준수하는 것을 강조하는 것이 아니라 우리가 지켜야 할 도덕과 윤리가 정당한 논리와 근거를 지니고 있는가를 따지고 반성하고, 새로운 시대를 이끌어갈 창조적인 윤리를 만들어내는 작업을 하는 학문이기 때문이다. 전통적 윤리는 오늘날 새롭게 논리적 정당화의 작업을 거쳐야만 한다. 오늘날의 윤리는 지켜지지 않는 전통을 고집하는 것이 아니라, 전통의 옳은 면을 정당화할 수 있는 논리가 필요한 것이다. 그리고 윤리적 갈등 속에서, 감정에 치우치지 않으면서, 다른 사람이 결정한 것에 대해 무비판적인 수용이 아니라, 옳은 주체적 윤리적 판단능력을 갖기 위해서는 윤리적 갈등을 논리적으로 분석할 힘이 필요한 것이다. 따라서 바른 윤리적 판단은 또한 논리교육에서 가능한 것이다.

철학은 말할 것을 요구하고 있다. 물론 인간의 삶에서 침묵이 차지하는 역할도 매우 중요하다. 그러나 말이 그만큼 필요하기에 침묵이 필요하다. 제대로 되지 못한 말보다는 침묵이 낫다고 할 수 있지만, 침묵보다는 제대로 된 말, 바른 말, 올바른 말이 행복한 인간의 관계를 맺게 해줄 것이며, 인간이 만든 최선의 제도인 민주주의를 제대로 꽃피게 할 것이다.

제 1 편 윤리학의 주제

도덕과 선한 삶

제 1 장

윤리학이란 무엇인가?

1. 윤리적 질문

우리는 살면서 다음과 같은 질문들을 받아 보았으며 지금도 이와 같은 질문들을 받고 있다. 이 질문들 중에는 우리가 확실하게 대답할 수 있는 것도 있을 것이고, 그렇지 않은 것도 있으며, 답변하기 위해서 좀더 깊은 생각을 요구하는 것들도 있을 것이다. 여기에 있는 질문들은 수학이나 과학에서 묻는 질문과는 성격이 매우 다르다. 바로 이러한 질문들이 윤리적 질문이다.

1. 우리는 때때로 선한(훌륭한) 사람이 되기 위해서 "우리 자신에 충실해야 한다"는 말을 듣는다. 과연 당신은 그렇다고 생각하는가? 어떻게 하는 것이 자신에게 충실한 것인가?

2. 당신은 적어도 정상적 상황하에서는 도덕적으로 선한 사람은 동시에 행복한 사람이 될 것이라고 확신하는가? 그렇다고 확신한다면 이유가 무엇인가? 그렇지 않다면 어떤 이유인가?

3. 만일 어떤 사디스트(sadist)가 다른 사람을 고문함으로써 엄청난 쾌락을 얻게 된다면 그 사디스트의 잔인한 행위는 정당화될 수 있는가?

4. 당신은 생명을 바칠 정도로 가치 있는 것을 가지고 있는가? 있다면 그것이 무엇인가?

5. 많은 종교적 명령들은 세상의 물질적이고 육체적인 즐거움을 금지한다. 만일 당신이 종교인이 되었을 경우에 전혀 인생의 쾌락을 즐기지 못해도 괜찮은가? 만일 어떤 종교가 우리들에게 돈 버는 일, 멋진 차를 사는 일, 부자가 되는 일 등을 부추긴다면, 그 종교는 종교의 본질을 부패시키고 있는 것은 아닌가?

6. 우리는 사실상 항상 이기적으로 행동하지 않는가? 사심 없이 다른 사람을 도와주는 것처럼 보이는 경우에도 그런 것이 아닌가?

7. 사업에 있어서 궁극적 목적은 이익을 보는 것 아닌가? 아니면 사업에서도 돈을 버는 것만큼이나 중요한 어떤 다른 목표가 있는가?

8. 당신은 낙태가 정당한 것이라고 믿는가? 심지어 임신부의 생명이 위태롭지 않은데도 낙태하는 것이 정당한 일인가? 당신의 답변을 정당화시켜 보라. 그리고 당신과 다른 의견을 가진 사람들에게는 뭐라고 당신의 의견을 정당화시킬 것인가?

9. 우리가 마땅히 따라야 할 '도덕'이라고 부르는 일련의 명령에 동의한다고 할 때, 우리는 도덕적인 사람이 된다고 볼 수 있다. 그런데 왜 우리는 도덕적인 사람이 되어야만 하는가?

10. 사람이 완벽하게 선하면서도 무고한 사람들에게 해를 끼치는 일이 가능한가? 반대로 사람이 다른 사람에게 전혀 해를 끼치지 않는데도 사악한 사람이 될 수 있는가?

11. 당신에게는 성공과 행복 중에 어느 것이 더 중요한가? 이 둘 중에서 하나만 택하라면 당신은 어느 것을 택할 것인가?

12. 우리는 '사람에 의해서가 아니라 법에 의해서' 통치받는 나라에 살고 있다. 이 때 '사람'이라는 말은 무엇을 뜻하는가?

위와 같이 자아(自我)에 대해서 그리고 다른 사람들과 우리들의 관계에 대해서 논하게 될 때 우리는 '도덕철학(Moral Philosophy)'이라는 영역으로 들어가는 것이다. 도덕철학은 "우리가 무엇을 해야 하고 무엇을 하지 말아야 하는가?", "우리는 다른 사람들을 어떻게 다루어야 하는가?", "우리 자신은 어떻게 살아야 하는가?" 하는 질문들을 하고 그에 대해서 답하려는 학문이다. 이 질문들은 진리나 실체(實體)에 대한 질문이라기 보다는 가치(Value)에 관한 질문이다. 물론 진리와 실체에 관한 논의는 가치의 문제와 밀접하게 관련이 있으며 또한 가치에 대한 논의는 세상에 대한 사려 깊고도 넓은 견문이 전제되어 있어야 한다. 그러나 도덕철학, 즉 잘살 수 있는 가장 좋은 방법과 우리의 행동을 이끌 올바른 원리에 대한 탐구는 그 자체로서 어쩌면 가장 중요한 의미를 지니고 있다고 볼 수 있다.

도덕이란 우리가 어떤 행동을 할 때 우리를 안내하는 일련의 원리나 규칙을 말한다. 도덕적 규칙들은 우리에게 무엇을 해야 하고 무엇을 하지 말아야 하는지를 말해준다. 우리가 너무나 잘 알고 있는 도덕규칙에는 다음과 같은 것들이 있다. "진실을 말하라", "다른 사람들에게 네가 그들에게서 대접받고자 하는 대로 대접하라", 그리고 "남을 속이지 말라", "살인하지 말라", "훔치지 말라" 등. 그런데 우리가 따르는 도덕 중 많은 것들이 종교적 도덕에서 비롯되었다. 삼강오륜은 유교적 도덕에서 비롯된 것이고, 구약의 십계명과 신약으로부터 나온 "서로 사랑하라"는 명령은 유태-기독교의 도덕이라고 말할 수 있다. 도덕적 규칙의 전형적인 형태는 '해야 한다(Ought)' 혹은 '해서는 안 된다(Ought Not)'는 말로 끝나는 명령 아니면 지시의 형태로 나타난다. 도덕과 도덕규칙은 그것이 법으로 명시되어 있든 그렇지 않든 간에 모든 사회구조의 바탕을 형성하고 있으면서 사회가 허용할 수 있는 한계를 규정지으며, 또한 사회가 구성원에게 기대하는 바를 규정짓는다. 독일의 철학자 임마누엘 칸트(Immanuel Kant, 1724-1804)에 의하면 도덕의 핵심은 의무, 즉 우리가 마땅히 해야(Ought) 하는 것을 하는 것이라고 한다.

그러나 도덕이 무엇이냐는 탐구는 더 큰 범위를 포함하는 탐구의 일부분이다. 즉 더 근원적인 탐구로서 도덕이라는 것이 왜 우리의 삶에서 중요한가에 대한 탐구가 있다. 예를 들어 다음과 같은 질문들이다. "우리는 왜 서로를 죽이지 말아야 하는가?", "왜 우리는 서로 도와야 하는가?", "우리가 여러 성윤리 중에서 어떤 한 성윤리를 택했을 때 다른 것이 아니라 그것을 택한 이유는 무엇인가?" 이 질문들을 한마디로 하면 "왜 우리는 도덕적이어야 하는가?"이다. 이 질문에 대한 답은 도덕이 무엇이냐는 질문보다 더 근본적인 질문임에 틀림없다. 왜냐하면 그 답을 통해서 우리는 도덕적 원리와 규칙을 받아들이는 이유를 얻을 수 있기 때문이다. 이에 대한 답은 한마디로 '선한 (혹은 좋은, 훌륭)한) 삶(Good Life)'과 관련되어 있다.

이 말은 정확한 의미를 갖고 있는 말은 아니지만 우리 모두가 그것이 의미하는 하는 바를 나름대로 매우 잘 알고 있는 말이다. 우리는 어떻게 살아야 하는가? 우리는 무엇을 원하는가? 그리고 우리는 무엇을 원해야만 하는가? 우리가 가장 즐기는 것이 무엇인가? 우리는 무엇을 가장 즐겨야 하는가? 우리가 가치 있게 일할 수 있는 것이 무엇인가? 우리가 노력을 들여 봐야 가치 없는 것들은 어떤 것들인가? 우리는 무엇을 받아들여야 하는가? 그리고 우리는 무엇을 변화시켜야 하는가? 이러한 질문들에 대해서 우리는 이미 철학을 시작하기 전부터 나름대로 답을 가지고 있다. 그러나 철학은 때때로 그 답을 바꾸어주기도 하며, 적어도 우리가 이미 가지고 있는 답변에 대해서 훌륭한 논거를 제시해준다.

도덕철학의 목표는 삶의 목적에 대한 견해와 일련의 원칙을 세워주는 것이다. 그렇게 함으로써 우리의 삶은 더 명료해지게 되고, 더욱 확신에 찬 삶이 될 것이다. '선한 삶'이 어떤 것인가에 대한 논의와 더불어 '도덕(Morality)의 원리와 규칙'에 대한 탐구를 우리는 보통 윤리학(Ethics)이라고 부른다.

2. 윤리와 철학적 반성

윤리학은 순전히 '아카데믹'한 연구이며 따라서 사람들의 일상적 생활과는 밀접한 관련이 없다고 생각하는 것은 잘못이다. 1절에서 제시한 윤리적 질문들이 그렇듯이, 매일의 생활에서 반성을 하며, 어떤 특정한 상황에서 고민하는 모든 사람들은 모두 그 정도만큼의 윤리학자인 것이다. 도덕적 딜레마에 해당하는 질문을 하나 던져보자. 인간의 생명은 누구도 빼앗을 수 없다고 믿는 사람이 있다고 하자. 그런데 이 사람은 동시에 사람은 누구나 외적의 침략에 대해서 자신의 나라를 보호할 의무가 있다고 믿고 있다. 만일 이 사람이 사는 나라가 전쟁에 처했다면 그는 어떻게 행동해야 할까? 그가 자신의 나라를 위해서 싸울 것을 거부한다면 그는 사람은 누구나 나라를 지킬 의무가 있다는 자신의 믿음을 깨게 될 것이다. 한편 나라를 위해서 싸운다면 그는 인간의 생명을 빼앗을 수도 있다. 이러한 상황에서 그는 어떻게 행동해야 하는가? 그는 어떤 결정을 내려야 하는가?

보통 사람들의 관심을 이끄는 이런 반성적 사고들은 윤리적 이론들이 만들어지는 재료가 된다. 보통 사람들의 반성과 철학자들의 반성의 차이란, 후자는 항상 그런 것은 아니지만 종종 더 체계적이며 더 총체적이다. 보통 사람들이란 단지 특정한 문제를 해결하려고 애쓸 뿐이다. 그리고 관련된 상황에서 특정한 코스의 행동을 하기로 결정함으로써 그 문제를 해결할 수 있다. 그러나 철학자들은 일반화하려는(Generalize) 노력을 한다. 철학자들에게 문제가 되는 것은 "이러한 상황하에서 한 개인에게 올바른 행동방침이 무엇인가?"가 아니라 "모든 사람들에게 선한(좋은) 삶이란 무엇인가?", "모든 사람들이 이루어야 할 목표는 무엇인가?", "그것은 쾌락의 축적인가? 그것은 행복인가? 그것은 자신에게 주어진 의무를 다하는 것인가?"이다. 보통 사람들과 마찬가지로 철학자는 일상의 생활에 대해서 반성함으로써 윤리학을 다루기 시작하지만, 나아가서 더 일반적인 성격을 지닌 논의를 한다. 이러한 추상적 고찰이 바로 우리가 말하는 '윤리이론'을 구성하는 것이다.

　이제 우리는 어떤 것이 선하게 혹은 훌륭하게 사는 것인지에 대한 다양한 제안에 대해서 논의해볼 것이다. 그런 다음에 좀 더 구체적인 도덕문제와 사회에서의 도덕의 역할에 대해서 논의해보려고 한다.

제 2 장
선한/좋은/훌륭한 삶(Good Life)

1. 쾌락주의

소크라테스(Socrates, 470?-399 BC)가 주인공으로 되어 있는 플라톤(Plato, 427?-347? BC)의 대화록에서 끊임없이 부각되는 주제는 '선한 삶'이다. 소크라테스가 그리스 동료들과 논의한 이 주제는 소크라테스가 새롭게 제기한 것이 아니었을 뿐 아니라, 그에 대한 답도 이미 모든 사람들이 나름대로 확실한 견해를 가지고 있었다. 그리고 그 때의 견해들 거의 모두가 오늘날도 여전히 지지받고 있는 견해들이라는 것을 알 수 있다. 그 견해들 중 가장 두드러진 것이 바로 **쾌락주의**(Hedonism)라고 불리는 철학이다. 이 견해에 의하면 선한 삶이라는 것은 우리의 삶에서 가능한 한 많은 쾌락 혹은 즐거움을 얻는 것이다.

쾌락주의는 훌륭한 삶이 어떤 것이냐는 질문에 대한 답변으로서 매우 매력적인 답이라고 볼 수 있다. 그러나 소크라테스와 그 이후의 사람들은 이미 그것이 가지고 있는 한계가 무엇인지를 알고 있었다. 사람들은 쾌락주의를 실제로 실천하는 것보다는 그것에 관한 이야기만을 하는 경우가 훨씬 더 많다. 학생들은 종종 쾌락주의에 대해서 이야기하지만 그들이 학업과 직업에 대해서 갖고 있는 야망과 걱정들을 보면 단순한 쾌락 이상의 무엇을 원한다는 것을 알 수 있다. 즉 그들은 성공, 안전, 사회적 지위, 존경, 권력, 돈, 자유 같은 것을 원하고 있다. 이 말은 학생들이 쾌락을 원한다는 것을 부정하는 말은 아니지만, 쾌락을 인생의 목표라기보다는 기분 전환, 오락, 혹은 즐거움으로 원한다는 것이다.

모든 동물과 비교해볼 때 인간은 자신의 욕구를 가장 잘 조절할 수 있는 존재라고 볼 수 있다. 우리는 배가 고픔에도 불구하고 식사를 건너 뛸 수 있다. 왜냐하면 해야 할 일이 있거나, 다이어트를 하는 중이기 때문이다. 또한 우리는 우리의 성적 충동을 억제할 수 있다. 왜냐하면 수업 중에 혹은 식탁에서 충동대로 행동하는 것은 창피한 일이고 남을 당혹스럽게 하는 행동이라는 것을 알고 있기 때문이다. 즉 우리는 단순한 섹스를 훨씬 넘어서서 그 이상의 것을 원한다. 그런데 적지 않은 사람들이 말하기를 사람들이 현재 쾌락을 자제하는 것은 나중에 더 많은 쾌락을 얻기 위해서 그러는 것이라고 한다. 그러나 만일 그렇다면 대부분의 사람들은 스스로를 속이는 짓을 하는 것이다. 왜냐하면 우리 모두는 더 많은 쾌락을 얻기 위해서 우리가 자청하는 일과 책임이라는 것은 더 많은 일과 더 많은 책임을 낳는다는 것을 잘 알고 있기 때문이다.

사회적 존경과 예절은 끊임없이 더 많은 존경을 받기 위한 행위와 더 많은 예절을 요구하며, 우리가 지금의 쾌락을 연기하고 나중에 더 많은 쾌락을 얻겠다는 생각은 대개 우리 자신의 행동에 의해서 그런 결과를 얻지 못한다는 것이 증명되고 있다. 또한 사람들은 일 자체, 존경, 성공이 사람들에게 쾌락을 주는 것이라고 주장하기도 한다. 그러나 여기에서 철학자들은 결정적인 차이점을 지적해왔다. 즉 쾌락을 위해서 행동하는 것과 쾌락이 아니라 어떤 다른 목표를 위해서 행동하는 것(이 때 그 목표를 성취함으로써 쾌락이 따라올 수 있다)은 다르다는 것이다.

선한 삶으로서 제안된 쾌락주의를 반대하는 주장 가운데 고전적인 주장은 아리스토텔레스(Aristotle, 384-322 BC)에 의해서 2,500여 년 전에 이루어졌다. 아리스토텔레스는 쾌락은 본질적으로 하나의 활동(Activity)이 아니라 만족스러운 활동에 뒤따라오는 그 무엇이라고 했다. 그러므로 선한 삶의 핵심은 '만족스러운 활동'이라는 관념 안에서 발견될 수 있는 것이지 쾌락 그 자체에서 발견될 수 있는 것이 아니라고 했다. 우리의 목표는 쾌락이 아니라 활동이고 쾌락은 보너스로 얻어지는 것이며 아리스토텔레스가 말하는 활동의 '성취'에서 주어지는 것이다. 사회가 금지하는 활동이나 저속한 오락이 쾌락을 줄 수 있을지는 모르지만 쾌락은 쾌락이 결국에 가서 낳는 고통과 불쾌함(예를 들어 죄의식)의 양에 의해서 상쇄되는 경우가 많다. 한편 어떤 활동은 극단적으로 고통스러울 수도 있다. 예를 들어 장거리를 뛴다든지 엄격한 테스트를 견디어내는 것은 매우 고통스러운 일이다. 그러나 그럼에도 불구하고 그 활동 자체가 찬양할 만한 것이고 도전해볼 가치가 있는 것이기 때문에 그것은 다양한 의미를 지닌 쾌락을 낳을 수도 있다. 이 말은 쾌락 그 자체가 선한 삶의 본질적인 요소 중의 하나가 될지는 몰라도 그것이 선한 삶 그 자체는 될 수 없다는 것을 의미한다.

실제로 우리 가운데는 쾌락주의자가 극히 드물다. 여기 가상의 상자가 하나 있는데 그것이 전극에 연결되어 있으며 거기에는 의료시설이 설치되어 있다고 하자. 여기에 들어온 사람에게는 끈이 동여매지고 거기에 전기가 흐르게 되어 있다. 이렇게 되면 그는 계속적인 쾌락의 감각을 느끼게 된다. 그 상자에는 그 사람의 생물학적 욕구를 만족시켜줄 모든 것이 설치되어 있고, 그가 상자 밖에서 살 수 있는 나이만큼 똑같이 그 상자 안에서 살 수 있다. 단 한 가지 문제가 되는 것은 일단 이 상자 안에 들어가면 결코 나올 수가 없다는 것이다. 여기에는 절대적인 쾌락의 삶이 보장되어 있다. 그 대신에 당신의 야망, 친구, 스포츠, 독서, 섹스, 음식, TV 이런 것을 모두 포기해야 한다. 물론 그 상자 안에서 몇 달이 지나면 당신의 모습은 영 말이 아닐 것이고 얼굴은 창백하게 변할 것이다. 그러나 이런 것은 문제가 되지 않는다. 왜냐하면 당신은 전적인 쾌락의 삶을 살 것이기 때문이다. 자 이제 당신은 이 속에 들어가고 싶은가? 단적으로 말해서 우리가 아는 한, 수많은 사람들 중에서 이 상자 속으로 들어가고 싶어하는 사람은 거의 없다고 봐야 할 것이다. 왜냐하면 우리들 대부분은 감각적 쾌락 그 이상의 다른 만족을 원하기 때문이다.

2. 성 공

일반적으로 우리가 사는 사회는 훌륭한 삶을 성공이라는 것과 동일시 여긴다. 성공은 돈을 의미할 수도 있지만 단지 이것만을 의미하는 것은 아니다. 그것은 또한 사회적 지위와 명성과도 관련이 있다. 물론 지위와 명성을 성공과 결부할 때에 왜곡되게 해석하는 경우도 있다. 예를 들어 갱단에 들어가서 재산과 지위를 얻는 것도 하나의 큰 성공으로 보는 경우를 말한다. 어떤 창조적인 사람들과 은자들은 일반적 안목으로 볼 때는 완전한 실패자임에도 불구하고 성공했다고 찬양을 받기도 하고 심지어는 우상화되는 경우도 있을 수 있다. 그러나 사람들이 훌륭한 삶이라고 생각하는 것과 그들이 실제로 사는 방식을 혼동하지 않도록 주의해야 한다.

성공을 위해서 열심히 일하는 많은 사람들은 은퇴를 준비하기 위해서, 혹은 나중에 안전하게 즐길 수 있기 위해서, 아니면 마음대로 쾌락을 즐기기 위한 충분한 돈을 벌기 위해서 그렇게 한다고 말한다. 그러나 종종 볼 수 있듯이 그들의 삶은 그와는 정반대이다. 그들은 이미 성공하고 나서도 계속해서 몸이 부서지라고 일을 한다. 그래서 결국은 그렇게 피곤하게 일하지 않으면서도 쉽게 얻을 수 있는 간단한 쾌락조차도 즐길 수 없게 된다. 아마도 사람들이 돈 중독자가 되듯이 이들은 성공 중독자가 되었다고 볼 수 있다. 이들은 처음에는 무엇인가 다른 것을 얻기 위해서 일을 시작했는데 결국에 가서는 단순히 돈 자체를 위해서 일하게 된다. 많은 돈 중독자들은 다른 사람들과 마찬가지로 처음에는 집, 자동차, 텔레비전 등을 사기 위해서 돈을 벌기 시작한다. 그러나 결국에 가서는 돈 자체를 필요로 하고 단지 돈만을 위해서 일하게 된다. 성공 중독자는 일생의 안전, 사회적 지위 혹은 부를 위해서 열심히 일한다. 그러나 나중에 가서는 성공 자체만을 위해서 일하는 것으로 끝난다.

성공을 추구하는 삶은 그 자체 문제를 가지고 있다. 실제의 삶에 있어서는 성공이 아니라 항상 실패할 가능성이 우리에게 놓여 있다. 하지만 이러한 실패 가능성이라는 것은 거의 어떠한 삶을 살든지 따라오는 가능성이다. 실패의 위협이 어떤 삶의 방식을 거부할 충분한 이유가 되지는 못한다. 문제는 오히려 성공 자체가 갖고 있는 위협이다. 우리는 성공한 40, 50대의 중년들이 자살한 이야기를 들어본 적이 있다. 이들은 자신들이 일생 동안 일하면서 추구했던 것을 드디어 성취한 것으로 보이는 바로 그 때에 자살을 한다. 왜 그럴까? 그들이 성공을 거두자마자 그들의 성공은 결국 그들이 원했던 것이 아님을 알았기 때문이다. 그러나 우리가 가졌던 훌륭한 삶에 대한 개념이 잘못되었다 해서 삶이란 살 만한 가치가 없다고 이야기할 수 없을 뿐 아니라 훌륭한 삶이 없다고 이야기할 수도 없다. 심지어 성공이란 가질 만한 가치가 없다는 의미도 아니며 혹은 성공이 잘못되었다는 의미도 아니다. 그것은 단지 성공 그것만으로는 우리에게 훌륭한 삶을 제공하지 못한다는 의미이다.

3. 금욕주의

상당한 경제적 부를 성취한 사회에서 훌륭한 삶의 답으로서의 성공이 상당한 문제가 있다는 것이 밝혀지자 사람들은 그와 정반대의 방향으로 돌아서는 경향이 있다. 사람들은 성공 대신에 간소함과 심지어는 가난을 주장한다. 즉 소유하는 부담으로부터의 해방을 주장한다. 극단적인 경우에는 사람들이 광야의 개척자나 폭도들을 대중의 영웅으로 선택한다. 더 온건한 경우는 주로 큰 도시에서 자라서 성공윤리에 물든 사람들이 시골로 내려가서 농장이나 조그만 공동체에 들어가 생활하는 경우이다. 그러나 이것은 전혀 새로운 철학이 아니라는 것을 언급할 필요가 있다. 예를 들어 로마제국의 퇴폐적인 성공윤리에 대한 반박으로 단순하고도 소박한 기독교적 금욕주의가 시작한 것이 바로 그것을 말해준다.

그리고 기독교 시대 이전, 소크라테스 시대에도 자신들을 스스로 시닉스(Cynics, 이 때 'Cynic'이라는 말은 그리스어로 '개'라는 단어에서 왔다)라고 부른 일단의 철학자들이 단순하고도 소박한 삶의 방식을 주장했다. 그들 중 가장 유명한 철학자가 디오게네스(Diogenes, 412?-323 BC)이다. 그는 목욕통에 살았는데, 가진 것이라고는 호롱등 하나뿐이었다. 그는 한 사람의 정직한 사람이라도 찾기 위해서 그것을 들고 다니면서 사람들의 얼굴들을 들여다보았다고 한다. 알렉산더 대왕이 디오게네스가 사는 도시에 들어왔을 때 여러 번 소문으로만 들었던 그를 만날 것을 요청했다. 드디어 그를 만나자 알렉산더 대왕은 디오게네스에게 "내가 당신을 위해서 무엇을 해줄 수 있느냐?"고 물었다. 디오게네스는 세상이 다 아는 막강한 이 통치자에게 "저리로 비켜주시오. 당신은 내게 비치는 햇빛을 가로막고 있소"라고 대답했다.

그러나 많은 사람들은 금욕적 생활을 훌륭한 삶에 이르는 수단으로 받아들이기는 했지만 훌륭한 삶 자체로 받아들이지는 않았다. 예를 들어 많은 종교인들은 금욕주의를 구원이나 '정화(淨化, Purification)'를 위한 방법으로서 받아들였다. 그들이 찬사를 보냈던 것은 금욕 자체가 아니라 성스러운 생활에 이르는 수단으로서의 금욕이었다. 어떤 예술가들은 금욕적 생활을 선택했다. 그러나 그들이 그렇게 한 것은 그들에게 정말로 훌륭한 삶이라고 여겼던 것, 즉 창조력을 성취하는 데 있어서 금욕이 가장 좋은 방법이라고 생각했기 때문이다. 또한 극단적인 극기로서의 금욕주의와 우리가 흔히 갖고 있는 믿음 즉, '가장 단순한' 쾌락은 가장 좋은 것일 뿐 아니라 성취하기가 가장 쉬운 것이라는 믿음을 혼동하지 말아야 한다. 많은 사람들은 사회가 사람들의 삶을 아주 관료적으로 만들고, 복잡하게 만든다는 이유로 '단순한' 삶을 살려고 한다. 그러나 그들이 이렇게 하는 것은 삶을 더 즐기기 위해서이지 순수하게 금욕적 이유로 그러는 것이 아니다. 그러므로 이들에게는 금욕주의가 하나의 치료책이고 수단이지 목적 그 자체는 아니다.

4. 자 유

자유라는 것은 선한(훌륭한) 삶이라는 것과는 별개의 개념으로 따로 분류할 수 있다. 대개 자유는 우리가 원하는 것을 할 수 있는 자유를 말하는 것으로서 하나의 수단이라고 생각할 수 있다. 예를 들어 쾌락과 야망을 충족시킬 자유, 창조할 자유, 예배드릴 자유, 사회나 사람으로부터 벗어날 자유가 그런 것이다. 그러나 다른 수단들과 마찬가지로 자유는 목적 그 자체가 될 수도 있다. 유망한 직업을 버리고 장래가 보장되지 않은 길을 택하는 사람들을 우리는 어떤 쾌락이나 성공보다도 자유를 가치 있게 여기는 사람들이라고 말한다. 사람들은 다른 사람들과의 관계와 그들과의 사이에서 생기는 책임으로부터 벗어나는 것을 긴밀한 관계를 맺는 것이나 결혼하는 것보다 더 자유롭다는 단순한 이유 하나로 더 좋아할 수도 있다.

자유의 삶이란 어떤 특별한 방식의 생활이 필요하지 않다. 왜냐하면 자유 안에서 우리는 종교적인 생활을 할 수도 있고 쾌락주의적인 생활을 할 수도 있으며 대망을 품은 생활을 할 수도 있기 때문이다. 결국 문제는 자유 자체가 더 중요하냐, 아니면 자유와 관련된 다른 관심사가 더 중요하냐이다. 극단적 자유의 개념은 도스토예프스키(Dostoevsky, 1821-1881)가 쓴 『지하로부터의 수기(*Notes From the Underground*)』에서 묘사된 '지하인(Underground Man)'의 특이하고도 터무니없는 자유의 개념에서 볼 수 있다. 그는 기꺼이 성공과 쾌락뿐 아니라 심지어는 그의 건강을 포함한 모든 것을 포기한다. 그가 그렇게 하는 것은 오로지 그가 '가장 유리하게 누릴 수 있는 장점', 즉 그의 자유를 실현시키기 위해서이다.

5. 힘과 창조력

훌륭한 삶에 대해서 위의 것 외에도 다른 많은 개념들이 있다. 훌륭한 삶에 대한 개념은 어찌 보면 사람들이 가지고 있는 목표의 숫자만큼이나 많다고 볼 수 있다. 훌륭한 삶에 대해서 흔히 갖고 있는 개념들 중 일부는 우리가 여태까지 논의해왔던 것들과 매우 밀접한 것들이 많다. 예를 들어 거대한 부나 정치적 권력을 추구하는 삶은 마치 성공윤리의 삶과 거의 비슷하다. 그러나 정치적이 아니고 인격적인 의미를 가진 '권력' 혹은 '힘'이라는 것이 있다. 이것은 한 인간으로서 성장하려는 힘, 즉 자신의 의식을 팽창시키려는 힘, 자신의 재능을 개발하려는 힘, 그리고 창조하려는 힘을 말한다. 예를 들어 프리드리히 니체(Friedrich Nietzsche, 1844-1900)는 '권력에의 의지'라는 의미에서 훌륭한 삶의 개념을 옹호했다. 니체는 많은 철학자들을 비판했는데, 특히 인간은 오로지 쾌락만을 위해서 행동한다고 주장하는 영국의 도덕철학자들을 풍자적으로 비판하면서 "인간은 쾌락을 요구하지 않는다. 단지 영국 사람들만이 그렇게 한다"고 말했다. 니체는 그의 『권력에의 의지(Will to Power)』에서 모든 사람들이 궁극적으로 원하는 것은 권력이라고 했다.

니체는 선한 혹은 훌륭한 삶에 대한 그럴듯한 모든 다른 개념들도 사실상 권력을 다른 방식으로 추구하는 것이라고 주장했다. 현대사회에서 볼 수 있는 부의 쟁탈전뿐 아니라 심지어는 종교조차도 사실상 권력을 추구하는 방식들이라고 주장했다. 그러나 니체는 최고의 의미의 권력은 예술가, 철학자, 혹은 성인들처럼 자율적으로 그리고 창조적으로 사는 사람들을 위해서 있다고 주장했다. 예를 들어 작곡가 모차르트(Mozart, 1756-1791)는 아마도 훌륭한 삶을 예술적인 창조적 삶이라고 생각했을 것이다. 이것은 그가 일생 동안 많은 삶의 쾌락을 즐겼다는 것을 부정하는 말은 아니다. 소크라테스에게 있어서 선한 혹은 훌륭한 삶이란 그의 철학을 세우는 가운데서 그가 옹호했던 도덕원칙에 따라서 사는 삶이었다. 그 또한 그의 삶에서 쾌락과 성공 이상의 무엇을 가졌다. 그에게는 훌륭한 삶이란 지혜의 삶이고, 원리의 삶이며, 그리고 창조적 사유의 삶이었다. 이 모든 것이 그의 죽음을 가져올 때조차도 그가 매달릴 만한 가치가 있는 것이었다.

6. 종 교

훌륭한 삶에 대한 종교적 개념 또한 특별히 고려해볼 만한 가치가 있는 것이다. 그러나 그것이 삶의 다른 목표나 야망으로 얼룩져 있을 때가 아니라 모든 다른 목표가 그것 밑으로 종속되어서 그것만이 순전히 삶의 목표가 되었을 때를 말하는 것이다. 그러나 얼마나 많은 사람들이 이러한 종교적 개념의 선한 삶을 전적으로 동의하고 있는지는 알 수 없다. 수백만의 사람들이 그렇다고 말해왔다. 그러나 그들의 삶이 과연 그들의 말대로인지는 우리가 주의 깊게 살펴보아야 할 것이다.

종교적 삶은 헌신의 삶이다. 예를 들어 기독교적 전통에서 보자면 그것은 하나님을 두려워하는 마음을 가지고 사는 것을 말한다고 볼 수 있다. 물론 종교적 삶이 '두려움'에 기초할 필요는 없다. 그러나 요지는 진정으로 종교적인 사람은 자신이 믿고 있는 종교가 그 밖의 모든 것에 스며들어서 그것들을 지배한다는 감정을 가지고 산다. 이 말은 종교적인 사람은 종교적 행위 외에는 어떤 것도 수행하지 못한다는 말이 아니라 종교적인 행위가 그의 삶에서 최우선의 자리를 차지해야만 한다는 말이다. 실제에 있어서 종교적 삶은 종종 선한 삶에 대한 다른 개념들과 갈등을 일으킨다.

여태까지 살펴본 훌륭한 삶에 대한 개념들 하나하나는 매우 특유한 것들이다. 그 각각의 것들은 우리가 바라는 많은 것들 중에서 오로지 하나의 목표만을 선택한다. 그리고 그 하나의 목표만을 훌륭한 삶의 표징이라고 주장한다. 그러나 우리가 곰곰이 생각해보면 이 모두가 일방적이라고 느끼지 않을 수 없다. 만일 쾌락이라는 것이 모든 친구들과 사회적 관계를 포기하는 것이라면 누가 쾌락을 원하겠는가? 만일 권력과 성공이 우리를 비참하게 만드는 것이라면 누가 권력을 원하겠는가? 만일 창조력으로부터 우리에게 돌아오는 것이 비참함 외에는 아무것도 없다면 누가 창조력을 갖고 싶겠는가? 창조적이 되면서도 인생을 즐기는 것이 더 낫지 않겠는가? 혹은 창조적으로 되면서도 성공적으로 되는 것이 더 낫지 않겠는가? 만일 종교적인 사람들이 전적으로 신에게만 헌신하지 않으면서도 종교적 신앙이 약화되지 않고 세속 세계의 복을 즐길 수 있다면 그것이 더 낫다고 느끼지 않겠는가? 다른 말로 해서 훌륭한 삶이란 어떤 하나의 목표가 많은 사람들에게 아무리 숭고해 보여도 단지 그 목표 하나만을 갖는 것이 아니라, 더 포괄적인 목표를 갖는 것이라고 볼 수 있다.

7. 행 복

서양 고대 세계에서 아리스토텔레스는 선한(훌륭한) 삶에 대한 여러 가지의 일방적인 개념들을 검토하고 나서, 그것들을 버리고 우리들 대부분이 동의하는 유일한 개념을 택했다. 그것은 '행복(Happiness)'이다. 행복은 선한(훌륭한) 삶이다. 물론 행복 자체는 하나의 활동이 아니라 많은 활동의 결과이지만 행복은 훌륭한 삶이다. 아리스토텔레스는 개인적 발전이나 자기실현을 자신의 목표로 택했다. 그의 책 『윤리학(*Ethics*)』에서 아리스토텔레스는 훌륭한 삶에 대한 여러 일방적 개념들 중 두 개를 검토했다. 하나는 쾌락이고 하나는 성공인데(그에게 있어서 성공은 정치적인 성공을 의미했다), 아리스토텔레스는 이 둘을 모두 거부했다. 그렇지만 그는 또한 주장하기를 사람은 이 두 가지를 갖지 않고는 도저히 훌륭한 삶을 살 수 없다고 했다. 이 둘 자체가 훌륭한 삶은 아니고 단지 훌륭한 삶을 위한 필요조건일 뿐이다. 훌륭한 삶은 행복이다. 그는 행복이라는 것을 그 자체를 위해서 우리가 원하는 것이지 어떤 다른 것을 위해서 원하는 것이 아니라고 규정지었다. 즉 그 자체가 목적이지 수단이 아니라는 것이다.

결국 아리스토텔레스의 행복은 여러 덕목들을 포함하는 것이었다. 예를 들면 부, 권력, 공동체에서의 지위, 용기, 추태를 부리지 않으면서 술을 마실 수 있는 능력, 정의감, 좋은 친구들, 유머 감각들을 다 포함했다. 다른 말로 해서 아리스토텔레스가 말하는 '행복'은 단순히 오늘날 우리가 생각하는 안녕 혹은 복지(Well-Being)라는 의미가 아니었다. 아리스토텔레스에게 있어서 행복은 전체로서의 훌륭한 삶, 즉 모든 덕목들과 행운 그리고 그것을 감상할 수 있는 철학적 지혜를 통합하는 삶을 의미했다. 행복은 훌륭한 삶의 모든 부분이 균형을 이룬 전체적으로 훌륭한 삶을 말한다. 아리스토텔레스는 실제로 말하기를 어떤 사람이 몇 시간 동안, 혹은 몇 날 동안, 심지어는 몇 달, 몇 년 동안 행복하다고 말하는 것은 전혀 말이 되지 않는다고 했다. 어떤 사람이 행복하다고 말하려면 적어도 그 사람의 전체 삶에 기초해서 말해야 한다고 아리스토텔레스는 주장했다. 심지어 그는 사람은 죽고 나서 불행해질 수도 있다고 암시적으로 말한 적도 있다. 예를 들어 어떤 사람이 죽고 나서 그 자식이 가문을 불명예스럽게 한다면 그는 불행하다고 말할 수 있다.

이러한 설명을 통해서 우리는 아리스토텔레스가 살았던 사회와 그의 도덕철학은 오늘날 우리가 살고 있는 사회와 오늘날의 도덕철학과 중요한 차이점이 있다는 것을 알 수 있다. 오늘날 어떤 사람이 10분 동안 행복했다고 말해도 그것은 전혀 이상한 말이 아니다. 그것은 완전히 의미가 있는 말이다. 예를 들어 당신이 어느 화창한 봄날 눈을 떴는데 태양 빛이 비추어 들어오고 새들이 지저귀는 소리가 들려올 때 매우 행복한 느낌을 갖게 되었다고 하자. 그러나 10분 후에 당신이 회사에서 명예퇴직을 했다는 생각이 스며들면 그 행복감은 사라진다. 그러나 아리스토텔레스에게 있어서의 '행복'은 일생 동안의 훌륭한 삶을 말한다.

이렇게 행복에 대한 이해가 다르게 된 이유 중의 하나는 언어의 차이에 있을 것이다. 아리스토텔레스가 쓴 용어는 에우다이모니아(*Eudaimonia*)인데, 이것은 더 정확히 말해서 '잘하는 것(Doing Well)' 것 혹은 '안녕(Well-Being)'을 의미한다. 이러한 언어의 차이는 또한 도덕철학에서의 심오한 차이를 보여주고 있다. 우리는 훌륭한 삶을 주로 내적인 만족이나 행복감이라는 의미에서 생각하는 경향이 있다. 그러나 아리스토텔레스가 살았던 시대의 그리스 사람들은 전혀 이렇게 생각하지 않았다. (실로 그들은 불행한 가운데서도 행복감을 유지할 수 있는 사람을 행복하다고 보지 않고 제정신이 아닌 사람이라고 보았을 것이다.) 그리스 사람들에게 훌륭한 삶이란 공적(公的)이고 사회적이며 객관적인 삶으로서 성취와 행운을 이룬 삶을 말했다. 그것은 내적인 감정과는 거의 관계가 없는 것이었다. 한편 오늘날 우리는 어떤 사람의 삶을 다른 사람이 뭐라고 생각하든 자신에게 주어진 것에 만족해한다면 그를 행복하다고 믿는 경향이 있다. 심지어 다른 사람들이 그가 매우 불행하다고 생각해도 그는 행복하다고 믿는다. 그러므로 우리 모두가 동의하는 훌륭한 삶의 열쇠인 '행복'의 이상(理想)은 여전히 많은 질문의 여지가 있다. 내적인 만족이라는 것은 얼마만큼 중요한 것인가? 공동체에서의 우리의 위치와 우리가 실제로 이루어놓은 업적은 얼마나 본질적인 것인가? (우리가 그렇게 되기를 바라는 대로) 행복은 모든 사람이 다 얻을 수 있는 것인가? 아니면 행복은 그리스 사람들이 생각한 대로 대단한 권력을 가진 사람들, 대단한 부자들, 그리고 대단한 행운을 가진 사람들의 특권인가? 오늘날 우리가 생각하는 의미에서의 행복을 누리면서도 여전히 훌륭한 삶을 살지 못할 수도 있는가?

우리가 여태까지 제시한 훌륭한 삶의 개념으로서 쾌락, 성공, 금욕주의, 자유, 권력, 창조력, 종교, 그리고 행복 가운데서 어떤 것들은 실제적으로 누구나 다 얻을 수 있지만(예를 들어 소박한 쾌락의 삶), 다른 것들은 단지 행운이 있는 소수에게만 가능한 것이다(예를 들어 창조력을 지닌 삶). 그러나 훌륭한 삶에 대한 이 모든 개념들이 한결같이 무엇인가를 빠뜨렸다는 것을 느낄 수 있을 것이다. 쾌락주의와 종교적 생활의 차이, 성공윤리와 금욕생활의 차이, 그리고 부를 추구하는 생활과 자유, 창조력, 혹은 총체적 행복의 삶 사이에서의 차이, 이 모든 차이가 아무리 크다 해도 그것들이 모두 공통적으로 갖고 있는 뭔가가 있다. 즉 훌륭한 삶에 대한 이 모든 개념들은 모두 자기중심적이다. 이것들은 다른 사람들에 대해서 언급하지 않는다. 물론 앞으로 살펴볼 아리스토텔레스가 전개해놓은 철학은 그렇지 않다고 볼 수 있다. 또한 소크라테스의 도덕적 삶도 그렇지 않다. 우리는 격리된 수도승이나 고행자의 종교적 삶을 어떠한 의미에서도 '이기적'이라고 말하기는 어려울 것이다. 그러나 수도승의 삶은 다른 사람들과 관계 맺는 것에 대해서 전혀 관심을 두지 않고, 단 한 사람에 대한 선한 삶만을 강조한다.

제 3 장
이기주의와 이타주의

1. 두 종류의 이기주의와 이타주의

이기주의(Egoism)는 모든 사람은 누구나 자신의 이익을 위해서 행동한다는 주장이며, 사람들이 서로에게 존경심을 표시한다든지 혹은 친절하게 행동하는 유일한 이유는 예절과 관대함이 결국 자기들에게 이익이 돌아가기 때문에 그렇게 한다는 주장이다. 사람들을 올바르게 행동하게끔 만드는 것은 처벌에 대한 공포일지도 모른다. 어떤 사람들은 행동할 때 숨은 동기를 가지고 있다. 즉 나중에 얻을 어떤 것을 기대하고 있다. 예를 들어 대가로 오는 혜택이나 죽고 나서 천국에서 받을 보상 같은 숨은 동기를 가지고 있다. 혹은 그들은 범죄를 피하려고 하거나 자기만족감을 추구하려고 한다.

가장 널리 알려진 현대의 이기주의 주창자 중의 한 명인 아인 랜드(Ayn Rand, 1905-1982)는 '이기주의의 미덕(Virtue of Selfishness)'에 관해서 글을 썼다. 그녀에 의하면 우리는 모두 자기 자신의 이익을 위해서 행동해야 한다고 한다. 그런데 우리는 여기서 두 개의 매우 다른 형태의 이기주의를 구별해야겠다. 사람들이 종종 이 두 개를 혼동하기 때문이다. 첫 번째로 모든 사람은 실제로 자기 자신의 이익에 따라서 행동하며 우리의 심리가 이런 방식으로 행동할 수밖에 없게끔 되어 있다는 주장이다. 우리는 이러한 주장을 **심리적 이기주의(Psychological Egoism)**라고 부른다. 그리고 두 번째 입장이 있는데, 우리는 이것을 첫 번째 주장 즉 심리적 이기주의와는 별도로 옹호하거나, 혹은 별도로 비판해야 한다. 이 두 번째 입장은 사람들은 반드시 자신의 이익을 만족시키기 위해서 **행동해야만** 한다는 명제이다. 이 주장은 사람들은 그런 방식으로 행동할 수도 있고 그렇지 않을 수도 있다는 선택권을 가지고 있다는 것을 전제로 하고 있다. 이러한 입장을 우리는 **윤리적 이기주의(Ethical Egoism)**라고 부른다.

　이 두 가지 이기주의의 입장은 모두 우리가 보통 **이타주의(Altruism)**라고 부르는 것과 대조를 이룬다. 이타주의란 다른 사람들의 이익을 위해서 행동하는 것을 말한다. 이타주의에는 그 정도의 차이가 있다. 우리는 도덕적으로 행동하기 때문에, 즉 다른 사람들에 대한 우리의 의무를 인식하기 때문에 이타적이 될 수 있다. 혹은 실제로 다른 사람들의 이익을 내 자신의 이익만큼 중요하다고 여기거나 더 중요하다고 여길 때 이타적이 될 수 있다. 이러한 이타주의는 연인들 간에 혹은 형제자매 간에서 볼 수 있다.

이타주의 또한 두 개의 구별되는 명제로 나누어질 수 있다. 그런데 이 두 명제는 별로 구별되지 않는 경우가 많다. 심리적 이타주의(Psychological Altruism)는 사람들은 '본성상' 서로를 위해서 행동한다고 주장한다. 한편 윤리적 이타주의(Ethical Altruism)는 사람들은 서로의 이익을 위해서 행동해야만 한다고 주장한다. 물론 이 윤리적 이타주의는 대부분의 도덕이 기본적으로 언급하는 내용이며, "당신이 다른 사람들이 당신에게 해주기를 원하는 그대로 다른 사람들에게 행하라"는 소위 황금률(Golden Rule)에 가장 잘 요약되어 있다. 그러나 이타주의가 곧 자기희생을 의미하는 것은 아니다. 이타주의는 다른 사람들의 이익을 의도하고서 행동하는 것이지 반드시 자기 자신의 이익에 반하여 행동하는 것을 의미하는 것은 아니다. 따라서 자기 자신의 이익을 위해서 행동한다고 해서 그것이 반드시 이기적이 되는 것은 아니다. 즉 자신의 이익을 위해서 행동하는 것이 반드시 다른 사람들의 이익에 모순되게 행동하는 것도 아니며 다른 사람의 이익과 상관없이 행동하는 것도 아니다.

2. 심리적 이기주의와 비판

그런데 우리에게 가장 익숙하면서도 가장 어려운 문제는 심리적 이기주의에 관한 것이다. 사람들은 정말 자기 자신의 이익을 위해서만 행동하는가? 에이브러햄 링컨(Abraham Lincoln, 1809-1865)에 관한 유명한 이야기가 심리적 이기주의에 대한 적절한 예가 될 것이다. 링컨이 한 친구와 마차를 타고 가면서 심리적 이기주의에 대해서 논쟁을 벌이고 있었는데 마침 그들이 탄 마차가 진흙탕을 지나가고 있었다. 그런데 그 진흙탕 속에는 새끼 돼지들이 빠져 있었고, 어미 돼지는 그것을 보고 꽥꽥 소리를 지르고 있었다. 링컨은 마차를 멈추고 새끼 돼지들을 구해주었다. 그리고 계속해서 마차는 앞으로 나아갔다. 링컨의 친구가 링컨에게 그가 한 행동은 바로 이타주의적 행동을 명백하게 보여준 것이 아니냐고 물었다. 링컨은 "아니, 그것은 바로 이기심의 본질을 보여준 것이었다. 만일 내가 새끼 돼지들을 구해주지 않고 그냥 지나쳐버려서 어미 돼지가 새끼 돼지들 때문에 고통스러워하는 것을 내버려두었더라면 나는 하루종일 마음의 평화를 누리지 못했을 것이다. 나는 마음의 평화를 얻기 위해서 그렇게 했을 뿐이다. 이제 이해가 가나?"고 대답했다.

우리의 많은 행동들은 의심할 바 없이 자기이익에 근거하고 있고 따라서 '이기적'이라고 말할 수 있다. 그러나 자기이익에 근거하지 않은 행동들도 있지 않은가? 링컨이 보여준 행동이 바로 그런 행동이 아닌가? 왜냐하면 그의 행동은 이기적인 이유로 이루어졌다고 보기는 힘들기 때문이다. 하지만 링컨의 말에 따르면 그의 행동 이면에는 이기적인 이유가 있었다. 즉 자기 자신의 만족감과 '마음의 평화'가 그의 행동의 이면에 숨어 있었다. 우리의 모든 행동도 역시 이런가?

모든 행동은 본질적으로 이기적이라는 견해에 대해서 반대하는 많은 논변 가운데서 특별히 세 논변이 있는데, 그것은 영국의 성직자였던 조셉 버틀러(Joseph Butler, 1692-1752)에 의해서 수백 년 전에 만들어진 이후 반복해서 사용되고 있다. 그세 개를 열거하면 다음과 같다.

1. 우리의 행동들은 욕구에 의해서 이루어지는데, 그 욕구 자체가 우리 이익에 도움이 되느냐 그렇지 않으냐는 것과는 상관없이 다른 사람들의 이익을 목표로 하는 행동들도 많이 있다. 링컨은 행동하기에 앞서서 "만일 내가 저 새끼 돼지들을 구하지 않으면 하루 종일 맘이 편치 않을 거야"라고 생각해보았을지 모른다. 그러나 그 행동을 하는 순간 그런 생각을 했다고 보기는 어렵다. 그는 다소간 마음이 편치 못함을 느끼면서 동시에 (거의) 우리 모두가 가지고 있는 마음의 동기에 의해서, 즉 고통에 빠져 있는 다른 동물이나 사람을 돕고자 하는 충동, 혹은 우리가 흔히 동정심이라고 부르는 것에 의해서 행동했을 것이다. 우리는 우정에 의해서 그리고 특히 사랑하는 사람들과의 사이에서 종종 그와 같은 방식으로 행동하게 된다. 그러므로 우리가 우리 자신의 만족을 위해서 혹은 죄의식을 느끼지 않기 위해서 그렇게 행동했다고 말하는 것은 이치에 맞지 않는 이야기이다. 물론 우리가 어떤 욕구를 가지고 행동할 때 그 행동을 통해서 우리의 욕구를 충족시키게 된다. 그러나 욕구를 충족시키는 것 자체가 곧 이기적이 되는 것은 아니다. 왜냐하면 이기적이라는 것은 단순히 내 욕구를 충족시키는 것을 말하는 것이 아니라 내 이익만을 목표로 하고 내 욕구를 충족시키는 것을 의미하기 때문이다.

2. 우리가 살아가면서 갖는 욕망 가운데에는 다른 사람들의 승인과 인정을 받고 싶은 마음에서 비롯되는 것들이 적지 않다. 그러므로 우리가 원하는 것을 얻기 위해서 행동할 때, 즉 다른 사람들의 승인을 얻기 위해서 행동할 때 우리는 그들을

위해서 그리고 그들의 욕구와 필요에 맞추어서 행동하는 것이다. 우리는 어느 정도까지 오로지 남의 승인을 받기 위한 충동에서 행동하는가?, 그리고 어느 정도까지 다른 사람들에게 봉사하기 위한 욕구에 의해서 행동을 하는가? 이런 질문들은 매우 교묘한 질문이며 때로는 답변하기조차 불가능한 것이다. 실로 우리들 대부분이 인생에서 가장 원하는 것 중의 하나가 자존감, 즉 '나는 훌륭한 사람'이라는 느낌이다. 그러나 이 자존감은 우리가 다른 사람들을 도울 수 있을 때, 그리고 오로지 다른 사람들의 이익을 위해서 도울 때 가능한 것이다. 물론 그들을 도왔다는 자기만족감을 나중에 느낄 수 있는 경우라도 그렇다. 우리가 이기적인 욕구에서만 행동할 때는 결코 자존감이 생길 수 없다.

3. 우리 모두에게는 옳고 그른 것에 대한 의식이 있거나 혹은 우리가 때때로 '양심'이라고 부르는 것이 있다. 양심이 단순히 우리 안에 있는 부모님의 소리(심리학자 프로이트는 이것을 '슈퍼에고(Superego)'라고 부른다)든, 많은 종교인들이 믿듯이 하나님의 소리든, 혹은 많은 심리학자의 주장처럼 단순히 징벌에 대한 두려움이든, 그것은 우리가 여기서 논의하고자 하는 것과는 상관이 없다. 요컨대 우리는 그것이 어떠한 것으로 해석되든 양심이라는 것을 분명히 가지고 있다는 사실이다. 그리고 양심의 명령에 따라서 행동한다는 것은 우리가 우리 자신의 이익만을 따라서 행동하는 것이 아니라는 것을 말해준다. 물론 이것은 우리의 양심에 순응하지 않게 되면 죄책감의 고통이 따라올 것이 분명할 것이라는 것을 우리가 알고 있는 경우에도

그렇다. 더욱이 우리는 다음의 질문을 하지 않을 수 없다. 왜 이 죄의식은 그렇게도 고통스러운 것일까? 우리는 자신의 요구와 욕구에 상관없이 (그리고 때때로 그것에 거슬러서) 다른 사람을 위해서 행동하고 싶고, 혹은 행동할 필요를 느낀다는 엄연한 사실을 과연 우리의 양심을 빼놓고서 설명할 수 있을까? 그리고 드문 경우이긴 하지만 우리들 가운데 일부 사람들은 어떤 행동을 함으로써 나중에 스스로 자신을 징벌하는 일(양심의 가책)을 피하기 위해서 양심의 명령에 따라서 행동한다는 주장을 인정하더라도, 모든 사람들이 늘 그렇게 행동한다고 하는 주장은 전혀 사실이 아니다. 그러므로 심리적 이기주의자들의 주장은 명백히 잘못된 것이다.

심리학적 이기주의자들에 대한 반론을 한마디로 표현하면 다음과 같이 이야기할 수 있다. 단순히 우리 자신의 욕구에 따라서 행동한다고 해서(우리가 항상 이렇게 한다고 가정한다고 해도), 우리의 행동이 이기적이 되는 것은 아니다. 왜냐하면 어떤 의미에서 볼 때 모든 행동은 우리의 욕구에 근거하고 있는 것이 사실이지만, 적어도 이 욕구들 가운데 일부는 누군가 다른 사람의 이익에 봉사하고자 하는 욕구이기 때문이다. 그러므로 욕구가 어떤 '목적'을 갖고 있느냐에 따라 행동이 이기적이 되느냐 아니냐를 결정짓는 것이지, 단순히 우리의 행동이 욕구에 근거하고 있다는 사실이 이기적이냐 아니냐를 결정하는 것이 아니다. 그리고 선한 행위 뒤에 따라오는 만족감 자체가 행동의 동기가 되는 것은 아니다. 링컨의 대답을 다시 보자. 그의 행동은 이기적 행동이었다는 그의 그럴듯한 설명에도 불구하고 그것은 명백히 이타적인 행동이었다. 그의 만족감은 행동의 동기가 아니라 단지 행동의 결과였을 뿐이기 때문이다. 그러므로 심리적 이기주의가 항상 참인 것은 아니라면 이타주의도 우리가 생각해볼 수 있는 가능한 주장이다.

3. 아인 랜드의 이타주의 비판과 문제점

그러나 이타주의가 가능하다 해도 그것이 바람직한 것이냐는 것은 여전히 따져보아야 할 문제이다. 예를 들어 윤리적 이기주의자 가운데 어떤 이는 이타주의는 가능한 것이라고 인정할 수 있지만 그럼에도 불구하고 그는 여전히 이타주의를 공격할 것이다. 아인 랜드는 '이기주의의 미덕'을 설명하면서 이기주의의 엄격한 정의(定義)는 '자기 자신의 이익에 대한 관심'이라고 주장했다. 그런 후에 그녀는 이타주의에 대해서 통렬한 비난을 퍼부어댔다.

> 만일 내가 말하는 '이기주의'라는 것이 전통적인 의미와는 다르다면 이것은 이타주의에 대한 과거의 어느 비판보다도 훨씬 더 강한 비판이 될 것이다. 즉 이타주의를 따르게 되면 자존감을 지닌 자활적인 사람, 즉 자기 자신의 노력에 의해서 자신의 삶을 꾸려나가면서도 자신이나 남을 희생시키지 않는 사람을 긍정적으로 보지 않는다. 이타주의에 의하면 희생이냐 아니면 남의 희생을 통해서 이득을 취하느냐, 즉 희생자가 되느냐 아니면 기생충이 되느냐는 양자택일밖에 다른 방도가 없다. 이타주의는 사람들 사이에 서로 이익을 주면서 공존하는 것을 허용하지 않는다. 그것은 또한 정의(正義, justice) 개념도 허용하지 않는다.

(*The Virtue of Selfishness*)

아인 랜드의 이러한 주장은 아주 극단적인 주장이며, 심리적 이기주의자들이 사용하는 것과 똑같은 오류를 범하고 있다. 그녀의 논변은 '자기 자신의 이익을 위해서 행동하는 것'(즉 이기심)의 의미와 자기희생, 그리고 자존감 결핍을 서로 반대되는 개념으로 대조시키고 있다. 즉 만일 사람이 어떤 행동을 했을 때 그것이 다른 사람들의 이익을 위한 것이었다면 그것이 동시에 자기 자신의 이익이 될 수는 없다는 것이다. 그리고 아인 랜드는 자기 자신에게 이익을 주지 않는 행위는 결국 자존감을 주지 못하는 행위로 본다.

우리는 이 극단적인 대조 즉, 모든 인간적 상황을 마치 흑이 아니면 백으로 취급하는 것이 얼마나 부당한 것인가를 금방 알아차릴 수 있다. 우리의 모든 행동과 의도는 더 많은 목표들을 가지고 있다. 그 목표 가운데는 금방 결과를 얻을 수 있는 목표도 있지만 장기적인 목표도 있다. 그리고 목표 중에는 다른 목표를 위한 수단이 되는 것이 있는가 하면, 그 목표 자체가 목적이 되는 경우도 있다. 그러나 이와 같이 인간의 모든 행동과 의도를 단 한 가지의 목표로 즉, 자기 자신의 이익을 위한 것 아니면 다른 사람들의 이익을 위한 것이라고 보게 되면 인간의 행동과 의도를 마치 동물이나 곤충의 행동처럼 아주 단순한 것으로 취급하게 되는 우를 범하게 된다.

우리의 실제 생활에서 어떠한 예외도 두지 않고 도덕규칙을 따르는 사람들은 자기 자신뿐 아니라 다른 사람들에게도 해를 끼칠 가능성이 높다. 어떠한 상황하에서도 거짓말하기를 거부하는 사람은 결국 자기를 희생시키게 될 것이다. 그러나 불필요할 정도로 자기를 희생하는 것은 바람직하지 못하다고 생각한다고 해서 그러한 생각이 곧 다른 사람들의 이익을 위해서 행동하는 것도 마찬가지로 바람직하지 못하다는 것은 아니다. 그리고 극단적인 자기희생의 전형이라고 볼 수 있는 순교자들의 경우에도 우리는 그들이 대단한 자존감을 갖고 있다는 것을 볼 수 있다. 아인 랜드 자신의 윤리기준에 따라서 전형적으로 자기 자신의 이익을 위해서 행동하는 사람의 경우에도 즉, 모든 것을 자신의 성취에 바치는 사업가에 있어서도 결국에 가서는 자기를 희생하는 행위를 하게 되며 이를 통해서 남다른 자존감을 갖게 될 수도 있다.

만일 우리가 오로지 '자기 자신의 이익'만을 위해서 행동하게 되면 결국은 자신뿐 아니라 다른 사람들을 위해서 가질 수 있는 여러 목표들을 잃게 된다. 이렇게 되면 우리는 우리의 행동을 통해서 갖게 되는 다양한 사회적, 인격적 관계를 갖지 못하게 된다. 그러나 이 말은 우리는 항상 자신의 이익을 무시하고 살아야 한다고 하는 것은 아니다. 인간의 삶에 대한 철학은 그 어떤 것도 삶을 극히 협소하게 만드는 윤리적 이기주의로 시작할 것이 아니라 인간의 도덕과 동기를 훨씬 더 풍요롭고 다양하게 해석하는 것으로부터 시작해야 한다는 말이다. 이것이 버틀러 주교의 논변이 담고 있는 취지이다.

아인 랜드는 자신이 내세운 명제를 더 설득력 있게 하기 위해서 한 가지 주장을 덧붙인다. 즉 우리가 자기 자신의 이익을 위해서 성숙한 방식으로 행동하게 되면 결국 우리 모두에게 이익이 된다고 한다. 어느 의미에서 볼 때 이는 매우 존경을 받을 만한 철학이다. 우리는 이것을 도덕이론 중의 하나인 공리주의(Utilitarianism)에서 자세히 다루게 될 것이다. 그러나 아인 랜드의 명제와 공리주의의 명제를 구별하는 일은 매우 중요하다. 왜냐하면 공리주의자는 많은 경우에 전체의 복지를 위해서 개인의 이익이 희생될 수도 있다는 것을 분명히 알고 있기 때문이다. 그러나 아인 랜드는 이 사실을 인정하지 않는다. 다른 사람의 복지를 위해서 관심도 보이지 않고 희생하지도 않으면서 순전히 자신의 이익만을 위해서 행동하는 것이 결국에 가서는 우리 서로에게 이익이 된다는 아인 랜드의 주장은 우리의 경험과는 전혀 모순되는 경우가 비일비재하다. 그러므로 심리적 이기주의는 설득력 있는 주장이 될 수 없다. 만일 심리적 이기주의가 참이라면 우리는 사람들에게 다른 사람들의 이익을 자기 자신의 이익으로 생각하라고 가르쳐야만 할 것이다. 그러나 심리적 이기주의보다 더 많은 문제를 내포하고 있는 것은 윤리적 이기주의이다. 그것은 일상적 삶에서 자연스럽게 볼 수 있는 우리의 이기적인 행동보다도 훨씬 더 강력한 이기주의를 요구하는 하나의 이데올로기이기 때문이다. 그러한 이데올로기는 결국 사회적 재난을 가져오게 될 것이다.

심리적 이타주의는 일반적으로 볼 때, 그 자체로는 결코 많은 지지자를 얻지 못했다. 즉 사람들은 본래 항상 다른 사람들의 이익을 위해서 행동한다는 견해는 결코 지지받아본 적이 없다. 물론 사람은 이타주의를 행할 심리적 능력을 가지고 있다. 우리는 적어도 때때로 다른 사람에 대해서 동정심을 느끼면서 가슴이 아픈 경험을 한다. 또한 사람들이 가지고 있는 오해와 사회가 주는 불필요한 압력 같은 것이 바로잡아진다면 사람들은 이타적으로 행동할 것이다. 그러나 우리는 우리가 이타적으로 행동할 수 있다는 주장과 이타적으로 행동해야만 한다는 주장을 구별해야 한다.

여러 가능한 이타주의 가운데서 다른 것보다도 두드러지게 부각되는 것이 있는데 바로 도덕(Morality)이라는 것이다. 도덕은 엄격히 말해서 다른 사람들을 위한 행동을 말하는 것은 아니다. 물론 다른 사람을 위해서 행동할 것을 주장하는 것이 도덕이 갖고 있는 대표적인 요소이긴 하지만 그것이 도덕의 전부는 아니다. 도덕은 원리와 원칙을 따라서 행동하는 것이다. 이 원리와 원칙들은 도덕의 제한을 받는 모든 개개인들의 이익을 포함하고 있는데 그렇다고 해서 도덕 그 자체가 이기적인 것이라고 말할 수는 없다. 물론 사람들이 이기적이면서도 도덕적인 인간이 될 수 있을 수도 있다. 예를 들어 처벌받을 것이 두려워서 법을 지킨다든지 천국에서 보상을 받을 것이라는 믿음 때문에 도덕적인 사람이 될 수도 있다. 그리고 우리는 자기 자신의 개인적 이익을 증진시키기 위해서 도덕을 이용하는 사람들도 있다는 것도 알고 있다. 그러나 도덕 뒤에 이기적 동기가 있다 할지라도 우리는 도덕 그 자체가 어떤 것인가를 논의할 필요가 있다.

제 4 장
도덕과 도덕이론들

1. 절대적인 명령, 법, 규칙으로서의 도덕

도덕은 우리들에게 다른 사람들과 더불어서 살 수 있게끔 하는 규칙을 제공한다. 그것은 우리의 욕구와 행동에 대해서 한계를 정해준다. 그것은 우리에게 허용된 것과 허용되지 않은 것을 말해준다. 그것은 결정을 내릴 때 안내가 될 수 있는 원리들을 제시해준다. 그리고 그것은 우리가 해야 할 것과 하지 말아야 할 것을 말해준다. 그러면 이 비인격적이면서도 우리를 넘어서 있는 도덕이란 도대체 무엇인가? 우리는 우선 도덕규칙의 특징을 매우 잘 설명해주는 한 은유적 표현을 이해할 필요가 있다. 니체는 도덕을 "미덕의 서판(書板, Tablet)이 모든 사람들을 위협하고 있다"는 말로 묘사하고 있다.

이 '미덕의 서판'이 바로 도덕이다. 도덕에는 가장 근본적인 가치와 행동의 규칙들이 담겨 있다. 이런 의미에서 볼 때, 서양의 도덕의 원형은 고대의 법전이라고 말할 수 있으며, 이것은 돌판에 새겨진 영원하고도 절대적인 명령들이다. 서양 사람들은 두 개의 돌판에 대해서 잘 알고 있다. 바로 십계명이라고 부르는 것으로서 하나님이 직접 그것을 새겨놓았고 그것을 모세에게 주었다고 한다. 그 계명들은 실로 명령이다. 그것은 절대적인 규칙으로서 사람들에게 그들이 누구이든지, 그들이 무엇을 원하든지, 그 명령이 그들에게 이익이 되든지 말든지 상관없이 그들이 해야 하고 혹은 하지 말아야 할 것을 말해준다. "너는 살인하지 말라"는 명령은 당신이 살인하고 싶다고 할지라도, 그렇게 할 힘이 있다고 할지라도, 그리고 그렇게 했을 경우에 받을 처벌을 벗어날 수 있다고 할지라도, 당신이 살인 행위를 하는 것을 어떤 경우에도 절대적으로 금지한다.

우리가 도덕은 '위로부터' 우리에게 주어진 것이라는 인상을 갖게 된 이유는 다음과 같은 사실에 기인한다고 볼 수 있다. 첫째로 사람들은 동서양 할 것 없이 도덕법이 신으로부터 혹은 하늘로부터 온 것이라고 말했다. 둘째로 우리는 이 도덕법들을 우리의 부모로부터 배웠다. 우리의 부모들은 실로 우리를 감독하면서, 우리에게 소리치면서, 명령하면서, 그리고 행동으로 본을 보이면서 그 도덕법을 가르쳤다. 마지막으로 가장 중요한 사실로서, 도덕 그 자체는 나중에 사회의 법으로서 발전되었든 그렇지 않든 어떤 개인보다도 위에 서 있다는 것이다. 도덕은 우리가 원하는 것을 우리에게 제공해주는 하나의 보조물에 지나지 않는 것이 아니다. 그것이 말하는 것은 오로지 옳고 그름에 관한 것이다. 어느 개인이 아무리 강력한 힘을 가지고 있다

해도 도덕법을 함부로 고칠 수 없다. 그것은 마치 그 자체로 하나의 생명을 가졌다고 볼 수 있다.

이와 같이 도덕은 개인의 욕구나 야망과는 상관없이 존재하기 때문에 많은 사람들은 도덕을 어떤 절대적이고도 독립적인 힘을 가진 존재로 규정짓기도 한다. 그리고 흔히 이것을 신으로 규정하는 경우가 자주 있다.

2. 도덕법과 해석

그런데 우리가 신을 믿건 믿지 않건 분명한 것은 도덕의 정의를 내리는 데 도움이 될 그 무엇이 더 필요하다. 신이 존재한다고 가정할 때조차도 우리는 그의 도덕적 명령이 어떤 것이어야 하는지 결정할 수 있는 방법이 필요하다. 우리는 신이 도덕적 명령을 여러 개인들에게 주었다고 말할 수 있다. 그러나 실제에 있어서 신이 그들에게 주었다는 도덕에 대해서 사람들마다 매우 다른 생각을 가지고 있다. 예를 들면 어떤 사람들은 자신들이 받은 도덕적 명령은 낙태와 영아 살해를 금한다고 말한다. 그러나 다른 사람들의 주장에 의하면 신은 이것들을 금하지 않았다고 하면서 다른 형태의 살인(예를 들어 성전(聖戰))의 경우에서처럼 특별한 경우에는 정당화될 수 있는 살인이라고 한다. 똑같이 신에게서 받았다는 명령이 이렇게 다른 것을 볼 때 우리는 단순히 신에게만 호소할 수 없고 명확하게 옹호할 수 있는 이유를 가지고 우리 스스로 도덕을 규정짓지 않을 수 없다. 그런데 더 근본적인 문제가 있다. 즉 우리가 신의 법을 따르는 이유가 단지 그것이 신의 법이기 때문에 따르는가,

아니면 그의 법이 선하기 때문에 신이 선한가 하는 문제이다. 만일 후자가 맞는다면 우리는 신의 법이 선한가를 알아보기 위해서 무엇이 선인가를 결정해야만 한다. 만일 전자가 맞는다면 우리가 신의 법을 받아들일 수 있느냐 없느냐에 따라서 신을 믿을 수도 있고 믿지 않을 수도 있다. 그러나 이 둘 어느 경우에도 어떤 도덕법을 받아들일 것이냐는 결국 우리 자신에게 달려 있다.

우리가 어떤 것을 해야 하고, 어떤 것을 하지 말아야 하는가를 결정할 때, 우리의 양심에 호소하는 경우가 흔하다. 그런데 이 때에도 신의 법을 따를 때와 비슷한 문제에 부딪치게 된다. 물론 신이 우리에게 양심을 주었다고 생각하더라도 똑같은 문제가 생긴다. 우리가 양심의 명령을 따르는 것은 그것이 단지 양심에 의한 명령이기 때문에 따르는 것인가? 아니면 우리의 양심이 명령하는 것은 선하다고 믿기 때문에 양심의 명령을 따르는가? 그런데 양심이라는 것은 단지 우리의 부모와 사회의 도덕적 가르침을 내재화한 것에 불과하다고 믿는 경우에는 추가적 차원의 문제까지 생긴다. 즉 우리는 우리가 부모와 사회로부터 배워온 것을 무조건 받아들여야 하는가 아니면 거부해야 하는가? 사람들의 양심은 종종 서로 불일치하는 경우가 있는데, 이 경우에 우리는 어떤 양심의 규칙을 따라야 하는가? 또한 양심이란 것은 우리가 무엇을 해야만 하는 것을 결정하는 것이 아니라 단지 우리가 이미 받아들였던 규칙을 우리에게 생각나게 할 뿐인 것이라고 믿는 경우에도 우리는 여전히 양심의 명령에 따를 수 있는가?

3. 덕목으로서의 도덕

우리는 여태까지 도덕은 항상 규칙과 원리로 규정지을 수 있는 것처럼 이야기해왔다. 그러나 윤리와 도덕에 대한 또 하나의 개념이 있다. 즉 도덕을 규칙과 원리로서 이야기하는 것이 아니라 주로 인격의 문제로 이야기하는 경우이다. 다시 말해서 도덕을 한 개인의(그리고 한 문화 전체의) 윤리와 인격으로 해석한다. 물론 훌륭한 도덕적 인격의 한 측면은 자신이 속한 사회의 규칙을 준수하는 것이다. 그러나 전혀 규칙에 의해서 지배받지 않는 것처럼 보이는 몇 가지 인격적 덕목이 있다. 예를 들어 용기와 친절이 그와 같은 것이다. "용감해라" 혹은 "관대하라"는 식의 일반적 규칙은 우리에게 정확하게 구체적으로 어떻게 하라는 지시를 주지 못하며 따라서 때로는 불필요한 것처럼 보인다. 그뿐만 아니라 이러한 규칙은 덕목들 자체가 가지고 있는 정신과 모순되는 것같이 보인다. 왜냐하면 덕목이란 자연스러운 행동을 통해서 가장 잘 드러나는 것이지 심사숙고한 후에 혹은 어떤 명령의 복종을 한 후에 따라오는 것이 아니기 때문이다. 현대 도덕철학에서 가장 두드러지게 나타나는 현상 중의 하나가 규칙과 원리로서의 도덕에 반대되는 인격과 덕목으로서의 도덕에 대한 중요성이다.

4. 도덕의 정당화와 해석

그러나 도덕이 규칙과 원리의 문제이든 아니면 덕목의 문제이든, 도덕의 기초는 우리의 삶을 어떻게 사느냐는 문제를 명백하게 설명하려는 시도이다. 그러나 우리는 여기에서 하나의 문제에 직면하게 된다. 그 문제란 플라톤과 아리스토텔레스 이래로 도덕철학자와 도덕 자체에 대한 도전으로서 "왜 우리는 도덕적이어야 하는가?" 하는 문제이다. 분명히 도덕원칙들(예를 들어, 거짓말하지 말라)은 때때로 우리 자신의 이익과 반대된다. 그런데도 왜 우리는 도덕원칙들을 따라야만 하는가? (마찬가지로 용기와 같은 덕목은 어떤 상황하에서는 우리를 매우 위험한 지경으로 몰아넣는다. 그런데도 왜 우리는 유덕한 사람이 되어야 하는가?) 물론 도덕규칙들과 덕목들이 우리 자신의 이익에 부합할 때는 그와 같은 질문에 답하기가 쉽다. 즉, 우리가 도덕적으로 행동하는 것이 (아마도 '결국에 가서') 우리 자신에게 가장 이롭기 때문이다. 그러나 도덕적으로 행동하는 것이 자기에게 전혀 이익이 될 것 같지 않은 경우에는 어떻게 할 것인가? (예를 들어 도덕적인 입장에서 볼 때 우리의 생명이나 직업을 희생할 것을 요구하는 경우.)

달리 말해서 도덕을 정당화시켜주는 것이 무엇인가? 우리는 어떠한 규칙들을 도덕적 규칙으로 보는가? 그리고 우리는 어떤 종류의 사람이 되어야 하는가? 도덕철학은 이러한 질문들에 대해서도 답해야 한다. 유태-기독교 도덕의 핵심이 되는 원칙들 중에 "살인하지 말라", "도둑질하지 말라"는 원칙들을 예로 살펴보자. 이 경우에 우리는 어떤 것을 살인으로 보느냐(혹은 더 정확하게 말해서 무엇이 고의적이며 부정한 살인이냐)에 대해서 의견을 달리할 수 있다. 그러나 무엇보다도 그 도덕적 원칙 뒤에 숨어 있는 이유에 대해서 또한 의견을 달리할 수 있다. 우리가 살인하지 말아야 하는 궁극적인 이유는 살인하지 않는 것이 우리 자신에게 이익이 되어서 그렇게 하는가, 아니면 우리 자신에게 이익이 되는 것과는 상관없이 도덕 자체가 혹은 도덕적으로 사는 것 자체가 바람직한 일이기 때문인가? 그리고 이러한 원칙은 단순히 우리가 속한 사회의 골동품 중의 하나인가? 즉, 우리는 매우 중요시하는 규칙이지만 다른 사회에서는 그렇지 않은 규칙에 불과한 것인가?

여러 가지 도덕이론들은 이러한 질문들, 즉 도덕의 해석과 정당화의 문제들에 대한 답변으로 만들어졌다. 우선 어떤 원칙이 도덕적 명령이 될 수 있는 근거가 무엇인가? 우리를 더 행복하고 건강하게 하기 때문인가, 더 질서 잡힌 사회를 보장해 주기 때문인가, 아니면 신을 만족시킴으로써 소돔과 고모라의 성처럼 멸망당하지 않게 해주기 때문인가? 도덕이라는 것을 예를 들어 "살인하지 말라"는 명령처럼 신이 우리에게 부과한 일련의 원칙들이라고 해석한다면, 그 원칙에 대한 해석을 위해서 신의 의도에 대한 더 많은 정보가 요구된다. 그러므로 우리는 성서를 더 뒤적거리든지 권위 있는 교회 당국에 물어볼 수밖에 없다.

한편 만일 도덕원칙들을 인간의 행복과 전체의 복지를 진작시키는 효율적인 지침으로 볼 경우에는 "살인하지 말라"는 규칙을 해석하고 옹호하기 위해서는 과연 그와 같은 규칙에 순응하게 될 때 그 규칙이 없었을 때보다 실제로 행복해지는 사람들의 숫자가 늘어나며 불행해지는 사람의 숫자가 줄어든다는 것을 입증해야 한다. 그러므로 추상적인 도덕원리들과 실질적인 도덕원칙들, 그리고 그것의 실천은 서로 밀접하게 관련되어 있다. 우리는 종종 도덕원칙들이 어딘가 모르는 곳으로부터 온 것처럼 이야기한다. 그러나 사실은 우리가 가지고 있는 도덕원칙들은 모두 우리의 사회가 나름대로 가지고 있는 이론과 실천의 거대한 그물망 속에 들어 있는 것이다. 우리는 이 그물망을 통해서 이것이 없었더라면 누구라도 자기 마음대로 해석했을 도덕적 명령들을 해석할 수 있게 되고 이해할 수 있게 된다. (예를 들어 히브리 사람들에게는 십계명을 어떻게 해석할 것인가에 대해서 대체로 분명했다. 왜냐하면 십계명은 그들이 이미 수세기 동안 따라왔던 도덕의 주된 원칙이었기 때문이다.)

멀리는 인도에서는 4천 여 년 전부터, 그리고 서양에서는 2,500여 년 전부터 여러 학자들, 종교가들, 그리고 철학자들이 나름대로의 도덕이론들을 형성해왔다. 이 도덕이론들은 나름대로 다양한 형태로 엄밀하게 발전해왔으나 또한 서로 일맥상통하는 면도 많이 있다. 여기서는 편의상 세 가지 도덕이론으로 분류해서 설명해보려고 한다. 즉, 의무론적 도덕(Duty-Defined Moralities), 결과론적 도덕이론(Consequentialist Theories), 덕목으로서의 윤리(Virtue Ethics)로 나누어서 설명하려고 한다.

제 5 장
세 가지 도덕이론

1. 의무론적 도덕

의무론적 도덕에서 가장 단순한 형태는 유태-기독교의 십계명일 것이다. 이 십계명은 단순히 우리에게 일련의 의무를 제시할 뿐이다. 그러한 명령을 독일의 철학자 임마누엘 칸트는 정언명령(定言命令, Categorical Imperative)이라고 불렀다. 이 때 '정언'이라는 말의 뜻은 '만일', '혹은' 따위의 조건을 붙이지 않고 확정하여 말한다는 말이다. 그러므로 정언명령이란 무조건적으로 따라야 할 명령을 말한다. (이와 반대로 조건이 붙은 명령, 즉 '만일 ~ 한다면 …하라'는 명령은 가언명령(假言命令)이라고 한다.)

정언명령은 절대적이고 무조건적이다. 왜냐하면 그것에 대해서는 어떤 이유도 조건도 제기할 수 없기 때문이다. 그것은 우리들에게 그저 우리들이 반드시 해야 할 것과 하지 말아야 할 것을 말해줄 뿐이기 때문이다. 이 정언명령은 원칙 그 자체가 권위를 지니고 있다. 그 권위가 우리가 순종해야 하는 유일한 이유이다. 물론 그 원칙을 따르게 되면 실제상 우리에게 이익이 될 수 있다. 그 원칙은 우리가 사는 사회의 안정을 위한 전제조건이 될 수도 있다. 그러나 의무론적 도덕은 그 원칙을 따랐을 경우에 결과가 어떻게 되든지, 그리고 우리가 그것을 따라야 할 개인적 이유를 뭐라고 갖다 붙이든지, 그것이 우리에게 정당한 것이 되는 근거는 그 원칙 자체가 가지고 있는 지위 즉, 권위에 있다.

의무론적 도덕은 여러 가지 권위들에 근거하고 있다. 그런데 이 권위들은 우리 안에 있을 수도 있고 우리 바깥에 있을 수도 있다. 전통적 유태-기독교의 도덕이론은 그 권위와 도덕의 근원을 전적으로 우리 바깥(신)에 두고 있다. (또한 그것을 기억나게 해주는 것, 가령 양심 같은 것이 우리 안에 있을 수도 있다고 한다.) 그러나 의무론적 도덕은 종교적일 뿐 아니라 세속적일 수도 있다. 그래서 왕, 대통령, 국가, 신탁(神託), 예언자들이 도덕원칙의 근원지이거나 권위의 근거로서 역할을 할 수도 있다. 사람들이 "당신은 따라야 한다. 왜냐하면 그것이 법이기 때문이다"라고 말할 경우에 그들은 국가 혹은 법을 따라야 할 권위로서 인정하는 것이다. 물론 그 법을 따른 결과가 그 법이 없었다면 오히려 더 잘 되었을 경우에도 그렇다. 우리는 가족 내에서 부모의 명령과 지시의 목적이나 결과를 어린 아이들이 이해하지 못하더라도 부모의 권위에 따를 것이라고 기대한다. 그것은 가정이라는 조그만 사회에서 부모가 일반적으로 사회에 이미 세워진 규칙과 가치를 따라서 자신들의 자식들을 위한 규칙들을 규정하는 권위를 지니고 있다는 단순한 이유 때문이다.

칸트와 이성의 권위

그런데 의무론적 도덕원리 중에서 가장 복잡하고도 세련된 것은 권위를 우리 안에 두는 이론이다. 이 이론에 따르면 도덕 규칙과 원리들은 신이나 사회가 부과하는 것이 아니라 그것들을 우리 안에서 예를 들면, '양심'이나 '이성'의 소리에서 발견할 수 있다고 한다. 대표적으로 칸트가 그렇게 주장했다. 그에 의하면 도덕은 무엇보다도 이성과 합리성의 문제이며 우리가 아무리 도덕원리를 어려서부터 배운다 해도, 도덕원리의 근원지와 그것의 정당화는 결국 우리 안에서 찾을 수 있다고 한다. 그는 이것을 **자율성(Autonomy)**이라고 불렀다. 자율성이라는 것은 사람이면 누구든지 갖고 있는 능력으로서 외적인 권위에 의존하지 않으면서 단지 이성의 능력을 사용해서 스스로 옳고 그름을 판별할 수 있는 능력을 말한다. 그러나 이 말은 도덕을 우리 각자가 그것을 마음대로 결정할 수 있는 것, 즉 단순한 개인적 혹은 주관적인 견해로 볼 수 있다는 것이 아니다. 이성은 우리 '안에' 있는 것이지만 우리를 초월해 있는 권위이다. 이성은 '객관적인' 것이며 보편적이고 필연적인 법과 의무를 규정한다. 도덕의 원리들을 정당화시키는 것은 바로 이성이 갖고 있는 권위이다. 그래서 칸트는 흥미로운 암시를 했다. 전통적인 견해에 의하면 신이 부과한 법칙은 단지 그것이 신으로부터 왔다는 것 때문에 정당화되었으나, 칸트는 신의 법칙은 명백히 이성적이기 때문에 정당화된다고 암시했다. (칸트는 신실하게 하나님을 믿었다. 그러나 그는 또한 우리에게 있어서 도덕은 자율의 문제가 되어야 한다고 믿었다. 그는 신은 우리에게 법칙을 줄 수 없고 다만 우리의 이성이 이미 정당화할 수 있는 것을 말해줄 수 있을 뿐이라고 믿었다.)

원칙이론을 내세우는 칸트의 도덕은 도덕과 관련 있는 것은 항상 행동의 결과가 아니라 행동의 원칙이 갖고 있는 합리성 (Rationality)이라고 주장한다. 따라서 도덕적으로 관심을 가져야 할 것은 행동 그 자체가 아니라 (왜냐하면 우리의 행동은 환경이나 사건에 의해서 영향을 받을 수 있기 때문이다) 우리가 행동을 할 때 갖는 의지(의도, Intention)이다. 이 의지는 우리가 우리 안에서 완전히 조절할 수 있는 것이다. (칸트는 이것을 '선의지(Good Will)'라고 불렀다.) 사람은 도덕적으로 노력하는 한, 도덕원칙을 따르려고 하는 한, 그리고 자신의 의무를 다하려고 하는 한 도덕적인 존재이다. 그런데 물론 이러한 도덕의 원리를 따르고 우리의 의무를 다하려고 노력하게 되면, 대부분의 경우에 그로 말미암아 우리 자신과 다른 사람들에게 이로움이 돌아가지만 그렇다고 해서 그것이 도덕의 원리를 정당화해주는 것은 결코 아니다. 그것이 도덕의 원리로서 정당화되는 것은 도덕의 원리를 따르고 의무를 다하는 것이 이성적인 일이기 때문이다. 그 외에 어느 것도 도덕을 정당화시켜주는 것이 아니다.

만일 칸트가 주장했던 대로, 도덕에 있어서 행동의 결과가 상관없는 것이라면 우리는 어떤 것이 도덕적인 것인가를 어떻게 결정할 수 있는가? 그런데 우리가 우선적으로 알아야 할 것은 칸트가 행동의 결과는 전혀 고려의 대상이 되지 않는다고 말한 것은 아니라는 것이다. 그가 말한 것은 우리의 행동은 그것의 배후에 있는 의도(의지)에 근거해서 판단해야 한다는 것이지(이 때 의도라는 것은 어떤 것을 의도할 때 그 결과로 예상되는 것에 대해서 생각하는 것도 포함한다), 행동의 실제적 결과에 근거해서 판단해서는 안 된다는 것이다. 왜냐하면 행동의 결과란 전혀 예측하지 않았던 사고가 나서 본래의 의도가 가졌던 올바름(Rightness)과는 전혀 상관이 없을 수 있기 때문이다.

더욱이 칸트가 생각했던 도덕원리에서 항상 문제가 되는 것은 특정한 행동 그 자체가 아니라 일정한 유형의 행동(예를 들면 특정한 사기 행위가 아니라 모든 경우의 사기)이다. 예를 들어 어떤 특정한 경우에 거짓말을 하는 것이 도덕적인지 아닌지를 알고 싶다고 가정해보자. 내가 당신에게 갚을 능력이 없는데 지금 당장 10만 원이 필요한 경우를 생각해보자. "내가 나중에 갚을 수 없는 것을 알면서도 갚겠다고 이야기하면서 거짓말을 해야 하는가?" 하고 나는 생각을 해본다. 그런데 칸트의 도덕적 관점에서 볼 때, 여기서 우리와 관련이 있는 것은 이 특정한 행동의 결과가 아니라 그와 같은 행동이 지닌 합리성이기 때문에 나는 나 자신에게 그와 같은 행동을 똑같은 상황에서 누구나 다 할 수 있느냐고 묻는 것이다. 그래서 나는 나 자신에게, "만일 모든 사람들이 이런 상황하에서 나중에 갚을 수 있다고 거짓말을 하면서 돈을 빌린다면 어떻게 되겠는가?" 하고 묻게 된다. 이 때 칸트의 대답은 명백하다. 만일 이 경우에 모든 사람들이 돈을 갚겠다고 거짓말을 하게 되면 머지않아 결국 누구도 돈을 갚겠다고 약속한 사람들의 말을 믿지 않게 될 것이다. 이렇게 되면 누군가 돈을 실제로 갚을 수 있는 능력을 가지고서 당신에게 "내게 10만 원을 빌려줄 수 있느냐? 내일 갚겠다"라고 말하더라도 당신은 그것을 믿지 않고 농담으로 받아들일 것이다. 이렇게 볼 때, 갚을 수 없으면서 의도했던 행동은 비도덕적이었고 비이성적이었다는 것이 입증된다고 칸트는 주장한다. 즉, 만일 모든 사람들이 다 똑같이 행동할 수가 없는 행동이라면 그 행동은 비도덕적인 것이며 따라서 그런 행동을 해서는 안 된다.

이제 우리는 칸트의 원칙의 도덕이론이 갖고 있는 가장 중요한 특징이 무엇인가를 분명히 이해할 수 있다. 어떤 도덕원칙이 합리적(이성적)인가 아닌가는 그것의 **보편화 가능성**(Universalizability)에 달려 있다. 즉 모든 사람이 어느 곳에서나 일반적으로 그 도덕원칙을 따라서 행할 수 있느냐는 가능성에 달려 있다. 보편화 가능성이 또한 의미하는 바는 동일한 일련의 도덕원칙들이 특정한 상황이나 개인적 이익이나 다른 사회에 상관없이 모든 사람에게, 모든 사회에, 역사의 어느 때에나 적용된다는 것이다. 물론 또한 이것은 (보통 특정한 사회 내에서만 권위를 갖고 있는 도덕에는 적용되지 않지만) 신이 내린 도덕에도 적용이 된다고 말할 수 있다. 물론 관습은 서로 다를 수 있지만 도덕은 어느 곳에서나 같아야 한다. 그러므로 칸트에게 있어서는 이성의 권위가 신이 우리에게 십계명을 내렸을 때 갖는 권위만큼 강력한 것이고 보편적인 것이다. 실제로 칸트는 말하기를 신과 이성은 동일한 권위를 가지고 있다고 말했다.

2. 결과론적 도덕이론

서양 속담에 "지옥으로 들어가는 길은 선의(善意)로 깔려 있다"라는 말이 있다. 결과는 나빴어도 원래 의도는 다 좋았다는 평계를 말한다. 그러나 원래 뜻이 좋았다 해도 선한 결과를 낳지 못한다면, 즉 결과적으로 사람들이 (전반적으로) 행복해지지 못하거나 적어도 고통이나 괴로움에서 벗어나도록 도와주지 못한다면 아무리 의도가 좋은들 무슨 소용이 있겠는가? 물론 사람들의 실수와 어리석음을 인정하더라도 사람들은 보통 그들이 의도한 대로 행동하기 때문에 선의는 보통 선한 결과를 가지고 온다고 볼 수 있다. 그러나 결과 때문에 의도가 선한 것인가? 아니면 (적어도 부분적으로라도) 의도가 선한 것이기 때문에 결과가 선한 것으로 여겨지는가? 칸트는 선의에다 우선권을 둘 것을 고집했다. 그러나 결과론적 도덕이론가들은 어떤 행동(그리고 그것의 결과)이 선한 것이 되느냐 아니면 나쁜 것이 되느냐는 실제로 일어난 일에 달려 있다고 주장한다. 선한 행위는 그 의도가 어떤 것이든 가장 행복한 (혹은 적어도 가장 덜 비참한) 결과를 가져오는 행위라는 것이다.

공리주의: 벤담과 밀

현대사회에서 결과론적 도덕이론을 가장 확실히 드러내주는 것은 공리주의로서 여전히 그 위세를 떨치고 있다. 공리주의(公利主義, Utilitarianism)는 대표적으로 벤담(Jeremy Bentham, 1748-1832)과 존 스튜어트 밀(John Stuart Mill, 1806-1873)을 포함한 많은 영국의 철학자들과 사회사상가들에 의해 18세기와 19세기에 걸쳐서 형성되었다. 공리주의는 분명히 목표 중심적인 도덕이론이다. 왜냐하면 그것은 도덕규칙과 원리가 만들어내는 실제적인 결과에만 초점을 맞추며, 우리를 얼마나 행복하게 만드느냐에 따라 행위를 정당화하기 때문이다. 한편 의무론적 도덕이론가들은 도덕적으로 된다는 것이 우리를 얼마나 더 행복하게 만드느냐 하는 것은 묻지 않는다. 그들은 우리는 도덕적이 되기 위해서는 도덕적으로 행동해야만 한다고 주장한다. 물론 의무론적 도덕이론가들도 행복해지기를 원하며, 또 사실 사람이면 누구나 행복해지기를 원하지만, 의무론적 도덕이론가들은 무엇이 옳은 것이냐를 따지는 도덕문제에서 공리주의자들과는 달리 우리에게 이익을 주느냐 혹은 해를 주느냐 식의 단순한 실제적 문제를 분리한다.

그러나 공리주의자들에게는 우리에게 이익을 주느냐 그렇지 않으면 해를 주느냐 하는 문제가 전부이다. 그래서 존 스튜어트 밀은 "어떤 것이 바람직한 것이냐를 보여주는 유일한 증거는 사람들이 정말로 그것을 바라느냐는 것이다"라고 한마디로 잘라 말했다. 밀, 벤담, 그리고 거의 모든 다른 공리주의자들에 의하면 도덕의 목표는 사람들을 행복하게 하는 것이고 그들에게 쾌락을 주는 것이며 그들에게서 고통을 덜어주는 것이다. 실로 벤담은 어떤 행동이나 법률의 결과가 얼마만큼의 쾌락과 고통을 내는가를 정확히 계산하기 위해서 '쾌락 계산법'을 만들어냈다. 앞에서 만일 칸트가 '비도덕적' 그리고 '비이성적'이라고 거부했던 행동을 평가하고 싶을 때 우리가 묻는 것은 "이러한 상황에서 내가 거짓말을 했을 때 실제 결과가 어떻게 될

까?"가 아니라 "이 경우에 모든 사람이 거짓말을 하게 되면 어떻게 될까?"였다. 이 경우에 벤담은 양적 계산법을 통해서 이 행동 때문에 생기는 이익을 모두 더한 다음에 고통의 결과를 뺌으로써 그 행동이 바람직한가 아닌가를 볼 것이다.

밀은 한 가지 중요한 면에서 벤담의 쾌락 계산법을 변경했다. 예를 들어, 밀은 쾌락과 고통에는 양적 차이만 있을 뿐 아니라 질적 차이도 있다고 주장했다. 저급한 쾌락에 크게 만족하는 것보다 '고급'의 쾌락에서 적게 만족하는 것이 더 낫다. 이것을 밀은 그의 책 『공리주의(*Utilitarianism*)』에서 다음과 같이 은유적으로 표현했다.

> 만족스러운 돼지가 되는 것보다 불만족스러운 인간이 되는 것이 더 낫다. 만족스러운 바보가 되는 것보다 불만족스러운 소크라테스가 되는 것이 더 낫다.

밀이 벤담의 계산법을 변경함으로써 쾌락을 순전히 양적으로 계산하는 것은 실제적으로 불가능하게 되었지만, 벤담의 기본적 원리는 여전히 변함이 없다. 즉, 가능한 한 많은 사람들에게, 모든 행동에 대해서, 그리고 모든 법 혹은 원칙에 대해서 최대의 행복과 최소의 고통을 낳게 하는 원리는 여전히 변함이 없다.

밀이 벤담의 공리원리를 변경한 것이 왜 그렇게 중요한가? 밀이 쾌락의 질적 차이를 이야기함으로써 벤담의 간단한 쾌락 계산법은 오히려 불필요하게 되었고 결국 사용 불가능하게 되지 않았는가? 벤담 자신은 "푸시핀 놀이(Pushpin, 벤담 당시에 핀을 튀겨서 상대편의 핀을 뛰어넘게 하는 아이들이 하는 간단한 놀이)를 하는 것은 시를 쓰는 것과 같은 것이다"라고 말했다. 어떤 한 행동이 주는 쾌락의 양이 어떤 다른 행동이 주는 쾌락의 양과 같거나 똑같이 더 적은 양의 고통을 만들어낸다면 그 두 행동은 결국 똑같이 선한 것이라는 것이다. 그러나 밀이 벤담의 쾌락 계산법을 변경한 데는 흔히 생각할 수 있듯이, 술을 먹고 길거리에서 비틀거리는 식의 속물들의 행동을 반대하면서, 문학과 철학을 하는 것은 고매한 행위라고 옹호하려는 것 이상의 내용이 들어 있다. 밀이 벤담의 순전한 양적 계산법을 반대한 데는 그것이 '인생에서 더 고매한 것'을 충분히 감안하지 못한다는 이유 이상으로 심각한 요소가 들어 있다.

앞에서 언급한 대로 도덕이란 때때로 우리의 이익과 어긋나는 경우가 있다. 도덕은 때때로 쾌락을 금지한다. 그리고 우리가 도덕적이 된다는 것은 때때로 우리에게 고통을 가져다주는 것을 의미하기도 한다. 그러나 만일 도덕이라는 것이 사람들을 행복하게 만들기 위해서 만들어진 그저 일련의 경험들을 모아놓은 법칙이 아니라면(한 예로서, 칸트는 도덕의 궁극목적은 사람을 행복하게 만드는 것이 아니라는 것을 확실시했다), 적어도 공리주의의 원리가 심지어는 가장 기본적인 도덕적 가치와도 모순되는 경우도 있을 것이라고 생각해볼 수 있다.

예를 들어 사디스트적인(Sadistic, 가학성 변태 성욕의) 독재자가 국민들을 고문함으로써 얻는 쾌락이 국민들이 받는 고통을 합한 것보다 더 많다고 가정해보자. 혹은 어떤 공동체에 소속된 부자들이 많은 가난한 사람들과 중산층의 사람들의 수입에서 아주 적은 양을 합법적으로 박탈함으로써 훨씬 더 부자가 되는 방법을 고안했다고 상상해보자. 이 때 부자들은 부자들이 상당한 이익을 봄으로써 가난한 사람들과 중산층의 사람들이 겪는 미미한 손해보다(이 때 이들은 자신들에게 손해가 된다는 것조차도 못 느낄 수 있다) 훨씬 더 많은 쾌락을 얻을 수 있다고 하자. 이와 같은 경우에 우리는 도덕과 공정함을 택하고 공리의 원리를 포기해야 한다는 사실에 확실히 동의하지 않을 수 없을 것이다. 최대 다수의 최대 행복이 유일하게 중요한 고려사항이 될 수는 없다. 우리는 또한 칸트가 옹호했던 다른 도덕적 관심사를 고려해야 한다. 즉 실리를 포기하고 도덕규칙을 지킴으로써 더 많은 사람들이 이익을 보기보다는 고통을 받더라도 우리가 지켜야 할 도덕규칙이 있다. 결국 밀이 공리의 원칙에 제한을 가했기 때문에 우리는 그가 말한 '질'적인 쾌락에다가 정의(正義), 도덕, 그리고 덕목과 같은 개념들을 덧붙여서 이야기할 수 있게 되었다.

3. 아리스토텔레스와 덕의 윤리

우리는 앞의 제2장 '훌륭한 삶'에서 아리스토텔레스는 인간의 삶에서 궁극적인 선은 '행복(에우다이모니아, Eudaimonia)'이라고 주장했다고 했다. 아리스토텔레스는 벤담이나 밀처럼 인간의 활동에서 선한 것과 옳은 것은 행복을 추구하는 행동이라고 생각했다. 그러나 그는 벤담과 밀과는 달리 행복을 쾌락과 동일시하지는 않았다. 그는 행복한 삶이란 유덕한 행동을 하면서도 쾌락으로 가득 찬 삶이지만, 삶을 선하게 만드는 것은 쾌락이 아니라고 주장했다. 아리스토텔레스에게 있어서 행복의 추구는 항상 공동체 전체의 복지였다. 벤담은 어떤 행동이나 규칙으로부터 얻어지는 개인들의 이익과 손해를 다 계산함으로써 최대 다수의 최대 행복을 계산해냈다. 그러나 이 계산에서 완전히 도외시되는 것이 있는데 바로 행동하는 사람의 의도(Intention)와 인격(Character)이다. 다른 한편 칸트는 의도에는 많은 관심을 쏟지만 결과에 대해서는 거의 신경을 쓰지 않는다. 그래서 그는 이러한 행동이 벌어지고 있는 공동체에 대해서는 거의 말하지 않고 있다. 아리스토텔레스는 단순히 가정하기를 개인의 궁극적인 이익은 그가 사는 공동체의 복지와 일치한다고 했다. 사실 아리스토텔레스가 제시한 '덕목'의 리스트를 대충 훑어보면 그 덕목들 모두가 개인의 지위와 행복을 증가시키는 것뿐 아니라 공동체를 강화시키고 보호하는 것을 목표로 하고 있는 것이 분명하다.

아리스토텔레스의 덕목 리스트에는 올라 있지 않으면서도 모든 덕목 가운데 가장 본질적인 덕목으로 추정해볼 수 있는 것이 있는데 그것은 '명예(Honor)'이다. 우리는 아직도 이 말을 사용하고 있다. 그러나 우리가 의미하는 명예는 그리스 철학이 의미하는 명예보다 그 본래의 뜻이 훨씬 희석된 것이다. 그리스 사람들에게는 명예가 그들의 삶에서 가장 중요한 것이었으며, 심지어는 삶 자체보다 훨씬 더 중요한 것이기도 했다. 그리스 시대의 명예는 공동체 전체가 개인에게 부여하는 것이었기 때문에(이 총체적 의미의 명예는 때때로 일어나는 명예, 예를 들어 메달을 받을 때 얻는 명예, 표창장을 받을 때 받는 명예, 혹은 누구에게서 추천받을 때 받는 명예와는 구별해야 한다), 그리고 명예는 훌륭한(선한) 삶에서 가장 중요한 요소였기 때문에 자신의 명예를 유지하는 것은 동시에 모든 사람들에게도 이익이 되는 것이 당연했다. 그러므로 개인의 이익과 사회의 이익을 따로 분리한다는 것은 불가능한 일이었다.

아리스토텔레스는 분명히 결과에도 관심을 가졌지만 그의 도덕이론 안에는 의무론적 이론의 한 부분으로 볼 수 있는 요소도 포함되어 있다. 예를 들어 그는 칸트처럼 이성과 합리성을 도덕과 훌륭한 삶의 본질적인 요소라고 여겼다. 그가 생각하는 합리성은 도덕원리에 대한 이해와 명상을 포함하는 것이었다. 더욱이 이 원리들은 권위(이성이 가지고 있는 권위와 사회가 가지고 있는 권위 둘 다)를 가지고 있는 것으로서 바로 그 권위가 이 원리들을 정당화시켜주는 것이었다. 실로 아리스토텔레스가 이성과 합리성을 중요시함으로써 그는 또 하나의 미덕을 옹호하게 되었다. 그는 때때로 이것을 선한(훌륭한) 삶 그 자체로 묘사했다. 그것은 다름 아닌 '명상(Contemplation)의 삶'이었다. 이러한 관점에서 볼 때 선한 삶은 본질적으로 철학자의 삶을 말하는 것이고 그 삶의 중요한 요소는 (칸트의 경우에서처럼) 덕에 대한 전반적 원리들에 근거해서 행동할 뿐 아니라 그것을 명상하는 지혜로 구성되어 있다.

제 6 장
도덕, 상대적인가 절대적인가?

1. 도덕적 상대주의와 도덕적 절대주의

도덕과 윤리에 대해서 지금까지의 내용을 보더라도 그것의 내용은 철학자마다 다른 것을 의미하는 것처럼 보인다. 칸트의 도덕에 대한 엄격한 정의에 의하면 도덕을 의무나 '실천이성 (Practical Reason)의 명령들'과 동일시하는 반면에 공리주의자들은 행동의 결과에 초점을 맞추는 경향이 있다. 아리스토텔레스는 오늘날 우리가 이해하는 식의 '도덕'의 개념조차도 갖고 있지 않았다. 그러나 확실히 그는 이성이 윤리에서 주요한 역할을 하며 우리의 행동 결과는 그 행동을 할 때의 의지(의도)만큼이나 중요하다고 믿었다. 그러나 서양 사람들이 갖고 있는 도덕에 대한 개념이 동양 사람들이 갖고 있는 도덕에 대한 개념과 엄청난 차이를 보이는 것은 고대의 그리스 문화에서 도덕에 대한 개념이 현대 서양 문화가 갖고 있는 도덕에 대한 개념과 상당한 차이를 보이는 것보다 더할 것이다. 한마디로 문화가 다르면 도덕에 대한 개념도 다르다는 것이다. 심지어 어떤 문화는 서양 사람들이 갖고 있는 '도덕'과 같은 개념을 전혀 갖고 있지 않다. 그러나 이것은 어떤 일련의 절대적인 가치, 즉 모든 윤리체계에 있어서 본질이 되는 어떤 근본적 가치가 없다는 것을 말하는 것일까? 모든 가치는 어떤 특정한 사회나 민족에 따라서 상대적이라는 것을 말하는 것일까?

우리는 여기서 도덕적 상대주의와 도덕적 절대주의를 구별해서 이야기할 수 있다. 도덕적 상대주의(Moral Relativism)는 보편적이며 본질적인 도덕적 가치라는 것이 전혀 있을 수 없으며, 도덕이라는 것은 사회와 민족에 따라서 상대적이라는 주장이다. 한편 도덕적 절대주의(Moral Absolutism)는 보편적이며 본질적인 도덕가치들이 있으며, 만일 어떤 사회나 민족이 이 가치들을 받아들이지 않으면 그들은 도덕적이 아니라는 주장이다.

세계를 여행해보고 인류학에 대한 책과 소설책들을 읽어보면 분명히 알 수 있듯이, 사람들은 매우 다른 도덕과 윤리체계를 믿어왔고 또 지금도 믿고 있다. 어떤 하나의 문화는 어떤 행위를 옳다고 믿지만 다른 문화는 그것을 그르다고 믿는다. 심각한 식량난과 인구 과잉을 겪고 있는 사회에서는 신생아를 버릴 수 있다고 믿지만 한국과 같은 사회에서 그런 일을 하게 된다면 끔찍한 일이 되며 사회로부터 아주 강력한 도덕적 비난을 받을 것이다. 이 때 우리 사회가 옳고 신생아들을 버리는 다른 사회는 그른가? 아니면 그들도 또한 옳은가? 누가 이것을 판단할 수 있는가? (만일 우리가 이것의 공정한 판단을 위해서 제3자를 불러들일 경우 그것은 문제를 해결하는 것이 아니라 오히려 두 개의 다른 견해에다가 다른 견해를 하나 더 갖다 붙이는 꼴이 되지 않을까?)

물론 우리들 가운데에 존재하는 많은 차이점들은 단순히 피상적인 것들, 예를 들어 관습이나 에티켓 정도의 차이(옷, 식탁 예절 등)이다. 그러나 종교의 차이나 철학의 차이에서 오는 것들은 심각한 차이를 드러내고 있다. 그러나 대부분의 문화들은 놀랄 정도로 다른 신념과 믿음을 가진 다른 문화하고도 그런대로 공존하고 있다. 그러나 이 차이들이 종족적 특색에서 오는 차이이거나, 서로 달라도 용인할 정도면 괜찮은 것들이 있는가 하면 이것을 훨씬 넘어설 경우가 있다. 근본적인 윤리문제에 대해서 심각한 차이를 보일 때가 그 경우인데 바로 삶과 죽음에 대한 문제와 사회의 본질에 대한 문제와 관련되어 있을 경우이다. 그러나 이 경우에도 과연 그 차이라는 것이 근본적으로 불일치하는 것인가, 아니면 더 근본적인 곳에는 공유하는 가치가 있는데 그것에 대한 해석이 다른 것일 뿐인가? 예를 들어 인구 과잉을 겪고 있는 문화에서 신생아를 버리는 것은 이미 그 사회에 살고 있는 사람들의 복지를 위해서 그렇게 하는 것이라고 볼 수 있다. 그런데 이 사회복지라는 것은 신생아를 버리는 관습을 끔찍한 것이라고 여기는 우리 사회에서도 공유하고 있는 가치이다.

2. 문화적 상대주의와 윤리적 상대주의

만일 우리의 사회와 우리 사회가 갖고 있는 도덕이 다른 사회의 것과 근본적인 차이가 있다면 도덕이라는 것은 상대적인 것일 수밖에 없는가? 여기서 우리는 두 개의 매우 다른 상대주의를 구별할 필요가 있다. 그것은 문화적 상대주의(Cultural Relativism)와 윤리적 상대주의(Ethical Relativism)이다.

문화적 상대주의란 세상에 사는 사람들은 (그리고 같은 사회에 사는 경우에도) 각각 다른 가치와 다른 도덕법을 믿고 있다는 주장이다. 그러나 여기서는 (만일 우리가 결정할 수 있다면) 여러 다른 가치와 도덕법 중에서 어떤 것이 올바른 것이냐는 것을 생각해볼 수 있는 여지가 남아 있다. 한편 윤리적 상대주의는 어떤 문화나 사회가 옳다고 여기는 것은 다 옳은 것이며 적어도 그렇게 여기는 '그들에게 있어서'는 옳은 것이라는 주장이다. 극단적인 개인주의적 견해에서 보면, 이 말은 만일 당신이 진지하게 당신이 옳다고 생각하면 당신은 옳다는 의미로 해석할 수 있다. (이 말은 진지성 그 자체가 도덕적 믿음을 올바른 것으로 만드는 것이라고 말하는 것이 아니라 누구든지 자신의 도덕적 믿음을 정말로 옳다고 믿으면 누구의 도덕적 믿음도 옳은 것이 된다는 주장이다.) 철학자들에게 깊은 문제를 제기하는 것은 바로 이 견해, 윤리적 상대주의이다. 사람이 다르면 그가 갖는 도덕적 신념도 다르다는 문화적 상대주의는 명백한 사실이다. 그러나 이것으로부터 사람들은 각기 다른 신념을 갖고 있는데 그 다른 신념들이 모두 올바르다는 결론을 도출해 낼 수는 없다. 오히려 한 사회의 신념을 빼놓고 다른 모든 사회의 신념이 틀릴 수도 있고, 심지어는 모든 사회의 신념들이 다 틀릴 수도 있는 것이다.

윤리적 상대주의로부터 생기는 직접적인 문제 중의 하나는 윤리적 상대주의는 어떤 다른 문화가 갖고 있는 행위에 대해서 어떠한 도덕적 판단을 내리는 것을 의미 없는 일로 만들어버린다는 것이다. 만일 도덕이라는 것이 정말로 상대적인 것이라면 우리는 어떻게 나치 독일에서 벌어졌던 무고한 시민들에 대한 만행을 계속해서 비난할 수 있겠는가? 혹은 지금도 세계 곳곳에서 벌어지고 있는 개발이란 명분을 앞세운 강대국들의 약소국들에 대한 경제문화적 침략과 수탈, 인종 차별 등을 어떻게 비난할 수 있겠는가? 그러므로 우리는 어떤 도덕은 인정할 수 있지만 어떤 도덕은 받아들일 수 없다는 도덕의 어떤 기준 혹은 관점이 필요하다. 어떤 사회에서 일반적으로 받아들이는 도덕은 다른 사회에서도 받아들일 수 있는가? 물론 그렇지 않았다. 나치의 죽음의 수용소에 강제로 끌려왔던 유태인, 가톨릭교인들, 집시들은 그들을 박해했던 나치의 도덕적 가치를 공유하지 않았다. 예전의 남아프리카 공화국에서 인구의 과반수 이상을 넘는 흑인들과 유색 인종들은 인종 차별과 특권을 옹호했던 정부의 견해를 받아들일 수 없었다.

3. 도덕적 절대주의와 관용

그러나 우리가 여기에 덧붙여서 해야 할 말이 있다. 도덕적 상대주의를 반대하고 도덕적 절대주의를 옹호한다는 것은 어느 한 문화에 국한된 일련의 도덕법칙을 지구상에 있는 모든 그 밖의 나라에 적용할 수 있다는 말이 아니고(이러한 절대주의는 때때로 '도덕적 제국주의(Moral Imperialism)'라고 불린다) 어떤 하나의 문화를 초월해서 모든 문화에 똑같이 적용될 수 있는 일련의 기준이 있다는 것을 확인하고자 하는 것이다. 따라서 우리가 공유하고 있는 도덕이라는 것은 불충분한 것일 수 있으며 다른 사람들이 가지고 있는 가치보다 덜 도덕적일 수 있다는 것이다. 도덕적 절대주의자가 된다는 것은 반드시 도덕적 제국주의자가 된다는 말은 아니다. (물론 자신이 깊이 느끼고 있는 도덕적 가치를 절대적이라고 믿고 싶어하는 유혹은 인간에게 있어서 거의 피할 수 없는 일이기는 하다.)

관용(Tolerance)은 우리가 오늘날 살고 있는 다인종, 다민족, 다차원의 사회에서 중심이 되는 가치 중의 하나이다. 미국 사회가 특히 그렇지만, 우리 한국 사회도 이제 서서히 다원적(多元的, Pluralistic) 사회가 되어가고 있다. 미국 사회에서 다원적 사회라는 말의 의미는 '도가니(Melting Pot)'로서의 사회가 아니라 '여러 가지가 뒤섞인 샐러드(Mixed Salad)'로서의 사회를 의미한다. 이러한 사회는 여러 다른 그룹들이 다른 가치, 다른 관습을 가지고 있는 사회이며 구성원 모두가 서로 사이좋게 지내기 위해서 서로의 차이를 관용하는 것이 기본이 된 사회를 말한다. 우리는 우리 자신의 행위와 매우 다른 행위, 그리고 우리가 옳다고 생각하는 것과 매우 다른 행위를 받아들이지 않으면(즉 관용하지 않으면) 안 된다.

그런데 도덕적 상대주의는 이 관용에는 한계가 있는가, 없는가를 묻는다. 그리고 도덕적 상대주의는 가장 기본적인 도덕적 가치(예를 들어 우리가 지금 논하고 있는 관용)조차도 불가피하게 논쟁과 갈등 거리가 된다고 주장한다. 왜냐하면 도덕적 상대주의는 어느 것이나 다 옳을 수 있기 때문에 하나의 기준이 없으며 따라서 관용조차도 절대적인 도덕적 원리처럼 주장할 수 없다고 하기 때문이다. 그러나 한마디로 답하면 이렇다. 관용을 옹호한다는 것은 적어도 하나의 가치를 절대적으로 옹호한다는 것이며 동시에 극단적 상대주의는 거부한다는 것을 말한다. 이것은 현대의 다원주의 사회에서 매우 중요한 의미를 담고 있는 말이다.

제 7 장
니체와 도덕에 대한 공격

1. 전통적 도덕에 대한 공격과 창조력

도덕을 주로 의무의 문제로 여기는 의무론적 도덕이론들과 도덕규칙들을 행복에 이르는 주된 지침으로 해석하는 결과론적 도덕이론들이 주장하는 도덕원리들은 대부분이 실제에 있어서는 같은 경우가 많다. 사실 존 스튜어트 밀과 임마누엘 칸트는 대부분의 주요한 이슈들에 대해서 비록 그것들을 지지한 이유는 매우 달랐을지 몰라도 아마도 같은 의견을 가지고 있었을 것이다. 이 두 사람이 찬성하는 대부분의 도덕적 원리들에 대해서 아리스토텔레스조차도 동의했을 것이다. 그런데 도덕의 이론을 연구하는 데 관심을 두지 않을 수 없는 견해가 있다. 이 견해는 우리가 여태까지 논의했던 어떤 이론들보다 우리의 일반적 도덕감정에 대해서 훨씬 더 회의적인 태도를 취하며 심지어는 우리의 도덕감정 같은 것을 무시한다.

우리가 제4장 4절(도덕의 정당화와 해석)에서 애초에 물었던 문제로 다시 돌아가서 왜 우리 개개인들은 도덕적 행위를 할 경우에 때로는 자신의 이익에 맞지 않는 행위를 해야 하며, 또 도덕적 원리를 지켜야만 하는가를 물어보자. 의무론적 도덕가들의 대답에 의하면 "그 원리에 부여된 권위(신이 부여한 권위든, 사회가 부여한 권위든, 이성이 부여한 권위든) 때문이다"라고 말할 것이다. 결과론적 도덕가들은 "그렇게 하는 것이 결국 우리들 대부분에게 가장 좋기 때문이다"라고 말할 것이다. 그러나 어떤 철학자가 나타나서 왜 우리가 신이나 사회 혹은 이성의 권위를 존중해야 하냐고 묻는다고 가정해보자. 또한 만일 단 한 사람에게 최선이 되는 것이 우리들에게는 최선의 것이 아닌 것이 된다면 어떻게 될까? 그럴 경우에도 단 한 사람만이 도덕적이 될 수 있는가?

독일의 철학자 프리드리히 니체(Friedrich Nietzsche, 1844-1900)는 도덕에 대해서 신랄한 공격을 퍼부었다. 더 정확히 말하자면 서양의 정신적 밑바탕을 이루는 유태-기독교의 도덕을 신랄하게 공격했다. 니체는 십계명의 권위를 공격했다. 사실 그는 "하나님은 죽었다"고까지 선언했다. 그래서 신의 도덕은 그것이 갖고 있는 신적인 정당화, 신적인 근원, 신으로부터의 재가(裁可)를 모두 잃어버리게 되었다. 니체는 현대 사회는 퇴폐해져서 붕괴되어가고 있으며, 그들의 도덕적 권위는 그러한 퇴폐와 붕괴에 물들지 않은 창조적 개인에게 더 이상 의무를 지울 수 없다고 없다고 주장했다. 그 이유에 대해서 니체는 인간의 삶에는 이성 이외에 다른 중요한 것들이 있기 때문이라고 했으며, 그것은 열정, 모험을 좋아하는 마음, 예술적 창조력, 그리고 대부분의 사람들이 받아들이는 이성적 원리들을 넘어서려는 노력이라고 했다. 단순한 쾌락과 행복은 궁극적으로는 중요한 것들이 아니다. 오히려 어떤 경우에 있어서도 인생의 주된 목표는 니체의 말을 빌리자면 '권력'이다. 권력이라는 말을 다른 말로 하자면 '자기표현(Self-Expression)'이라고 할 수 있다. 니체에 의하면 인생의 의미는 창조력이다. 즉 훌륭한 삶은 예술가의 삶을 말한다. 그러나 니체의 주장에 의하면 이 창조력은 우리가 말하는 도덕과 양립할 수 없다. 왜냐하면 도덕은 창조력의 기(氣)를 꺾기 때문이며, 도덕은 우리를 모두 똑같은 사람으로 만들며, 우리가 대담해지고 창의력이 넘치는 것을 막기 때문이다.

2. 새로운 도덕: 초인의 도덕

니체를 해석하는 데는 두 가지의 완전히 다른 방식이 있다. 그러나 이 두 가지 방식 다 맞는다고 볼 수 있다. 한 쪽의 해석 방식에 의하면 니체는 우리가 상상해볼 수 있는 호전적 언어 중에서 가장 호전적인 언어로서 표현했다고 한다. 그의 말을 들으면 마치 한 고대 원시인이 안락하고 편리한 현대 문명의 모든 것을 파괴하려고 하는 것처럼 들린다. 이러한 파괴를 통해서 이 원시인은 최강자와 최고로 창조적인 사람들이 생존했고 번성했으며 약자는 멸망했던 사회로 돌아가려고 한다. 이러한 니체의 주장은 니체 당대의 사람들을 격분시켰고 그 이래로 순수한 기독교인들과 대부분의 교회 주일학교 교사들을 위협했다. 그러나 다른 한편으로 볼 때, 니체에 관한 모든 정보에 의하면 니체 자신은 완전하게 문명화된, 수줍음을 타는, 그리고 위트가 넘치는 신사였다고 생각된다. 그러므로 니체의 또 다른 일면은 온화한 몸가짐을 하지만 창조적 이상을 솔직하게 옹호하는 사람이었고, 도덕적 원리라는 명분을 핑계로 아무것도 하지 않으면서 자신들 스스로를 경멸하는 사람들을 비판하는 사람이었으며, 따라서 그는 위선자, 게으름뱅이, 겁쟁이의 적이었지 문명과 건전한 사람들의 적은 아니었다. 사실 니체가 그렸던 사회는 우리가 현재 살고 있는 사회보다 더 흥미진진하고 더 문명화된 사회였다. (그가 가장 애호했던 은유적 표현을 빌리자면) 양떼들의 사회가 아니라 역동적 개인들이 모인 사회였다. 그는 이 미래 사회의 구성원들을 초인(超人, Superman)이라고 불렀다. 그러나 이러한 뛰어난 문명으로 가는 길을 닦기 위해서 먼저 지배적인 도덕, 즉 유태-기독교를 정당화시켜주는 잘못들을 제거할 필요가 있다.

그러므로 니체의 도덕이론은 도덕이라는 것은 사기라는 것을 입증함으로써 도덕의 토대를 붕괴시키려는 시도이며, 그것을 제거하려는 시도이다. 그가 벌였던 시도 중의 하나가 신은 죽었다고 말함으로써 신을 거부하는 것이었다. 그가 이렇게 말함으로써 의미하는 바는 사람들은 더 이상 하나님을 믿지 않는다는 것이다. 사람들은 교회를 나가면서 몇 마디의 기도를 하지만 실은 하나님이 도덕을 강요할 수 있는 능력이나 의지를 갖고 있다고는 믿지 않는다는 것이다. 니체에 의하면 도덕은 일종의 속임수라는 것이다. 도덕은 권력을 얻기 위한 속임수이다. 따라서 도덕이라는 것은 강자나 창조력이 넘치는 자들에게는 필요치 않은 하나의 속임수로 보이지만(왜냐하면 그들은 이미 권력을 가지고 있기 때문이다), 약자들에게는 자신들을 강자들로부터 보호하기 위한 한 방법으로서 필요한 속임수이다.

우리가 다시 한번 여러 가지 도덕규칙들을 검토해보면 — 예를 들어 "살인하지 말라", "도둑질하지 말라", "거짓말하지 말라" — 우리는 그와 같은 도덕규칙 중 상당한 숫자에 이르는 것들이 금지(~하지 말라)하는 것들이라는 것을 알 수 있다. 즉 우리가 무엇을 하는 것을 허용하지 않는 규칙들이 대부분이다. 왜 그런가? 만일 이 질문을 다른 방향으로 바꾸어서 "이러한 금지로부터 이득을 보는 사람은 누구인가?"라고 물어볼 수 있다. 이 때 답은 '모든 사람'이 아니라 '자신을 보호할 수 없는 사람들'일 것이다. 다른 말로 해서 약자들이다. 이것이 그렇게도 많은 도덕규칙들이 (아리스토텔레스에게서처럼) 적극적인 덕목들이 아니라 금지 조항인 이유이다. 도덕규칙들은 사회의 강자들이 그들의 힘을 이용하지 못하게 함으로써 약자들에게는 이익을 준다. 그러나 강자들은 스스로를 지킬 수 있다. 그러므로 도덕은 약자들을 보호하기 위한 것이다.

우리는 또한 니체를 통해서 왜 도덕규칙들은 보편적이어야 한다는 생각이 그렇게도 중요한지, 그 이유를 이해할 수 있다. 도덕규칙은 그것에 의해서 보호받기로 되어 있는 사람들이 그것을 지키지 않는다면 혹은 그 규칙이 자신들에게 적용되지 않는다고 생각한다면 결국 도덕규칙은 아무도 보호하지 못하게 될 것이다. 그러나 이러한 사실이 일단 밝혀진다면 강자들과 창조력이 넘치는 자들은 도덕규칙을 따르는 것이 공리주의자들의 약속과는 반대로 모든 사람들에게 다 이익이 되는 것은 아나라는 것을 즉 자기들에게는 이익이 되지 않는다는 것을 알게 될 것이다. 이러한 논거에서 니체는 도덕의 토대를 붕괴시킬 수 있다고 믿었다. 그렇지만 니체가 우리가 이해하고 있는 바의 문명이라는 것이 곧 붕괴되어서 방탕한 폭력과 정치적 혼란으로 빠져들 것이라는 생각을 즐겨했던 것은 아니다. 사실 그는 온몸의 전율을 느끼면서 그러한 미래(20세기)가 닥칠 것이라는 예언을 했다. 실로 니체는 강자들은 약자를 도와줄 의무(이것은 매우 칸트적인 용어이다)가 있다고까지 말했다. 이렇게 볼 때 니체의 철학이 의도했던 창조적 영웅은 주로 '선인(善人, Good Man)'이나 도덕적인 사람이 되는 것과 관련이 있는 것이 아니라 선하고도 흥미진진한 삶을 사는 것에 관련이 있다고 볼 수 있다. 이것이 니체가 우리 모두에게 남겨놓은 문제이다. 즉, 우리는 어떻게 각자가 가지고 있는 최고의 창조력을 억누르지 않으면서 우리 모두를 위한 도덕규칙들을 정당화할 수 있는가? "왜 우리는 도덕적이 되어야 하는가?"는 이제 더 이상 도덕 자체를 무시하려는 비도덕적인 질문이 아니다. 그것은 이제 도덕 생활 자체의 본질적인 한 부분이 되었다.

서양 윤리사상사

제 1 부

고전 윤리학

윤리이론의 분류

    윤리이론을 분류하는 데는 여러 가지 방법이 있다. 이러한 모든 분류는 그것이 다양한 타입의 이론들을 하나로 묶는 데 도움이 되기 때문만이 아니라, 그것들이 다른 것과 구별되는 특성을 가지고 있다는 것을 우리가 알아볼 수 있게끔 하는 데 도움이 된다는 이유로 중요하다. 가장 간단하고도 분명한 분류는 역사적으로 분류하는 방법이다. 그래서 우리는 '고전적' 이론과 '현대적' 이론으로 나눌 수가 있다. 대략 말해서 어떤 이론이 다음의 두 가지 중의 하나이든지 둘 다이면 고전 이론이 되는 것이다. 즉, 만일 어떤 이론이 "사람들에게 선한 삶이란 무엇인가?"라는 물음에 답하려고 한다면, 그리고 "사람들이 어떻게 행동해야만 하는가?"라는 문제에 답하려고 애쓴다면 그것은 고전 이론이다. 대부분의 고전 윤리이론들은 이 두 가지 문제를 주의 깊게 구별하려고 하지 않는다. 이 이론들은 일반적으로 가정하기를 만일 우리가 선한 삶이 무엇인가를 알게 되면 자동적으로 그것을 성취하려고 행동할 것이라고 한다. 이것이 우리가 제 1 부에서 먼저 다룰 유명한 고전 이론들의 기초를 이루고 있다. 현대 이론의 특징은 제 2 부에서 논할 것이다.

제 1 장
플라톤의 윤리학

1. 지행합일설

   철학자 플라톤은 자신의 이름으로 철학적 견해를 제시하지는 않았지만(그의 글은 소크라테스와 BC 5세기의 여러 다른 철학자들 사이에서 벌어진 '대화(Dialogues)'의 형식으로 씌어졌다), 그럼에도 불구하고 이 글들의 어떤 견해들은 종종 플라톤 자신의 것이라고 생각된다. 사람이 선한 삶이 어떤 것인가를 알게 되면, 그 사람은 비도덕적으로 행동하지 않을 것이라는 주장이 소크라테스가 한 것인지, 플라톤이 한 것인지에 관한 논의가 있긴 하지만, 우리는 이것이 플라톤의 견해라고 여기고 글을 써내려가겠다. 이 견해에 의하면 악은 지식의 부족 때문에 비롯되는 것이다. 만일 사람들이 무엇이 올바른 것인지를 알면 그들은 결코 악하게 행동하지 않을 것이라고 플라톤은 믿었다.

그러나 문제는 우리가 어떻게 무엇이 올바른지(Right)를 즉 플라톤이 말하는 선(the Good)을 알 수 있느냐이다. 많은 사람들이 선한 삶에 대한 견해가 분분한데 어떻게 이것이 가능하단 말인가?

이에 대한 플라톤의 대답은 다음과 같다: 선한 삶의 본성을 찾는다는 것은 수학적 진리를 발견하는 것과 매우 흡사한 지적인 과업이다. 수학적 진리가 훈련받지 않은 사람들에 의해서 발견될 수 없는 것처럼, 선에 대한 본성을 발견하는 경우에도 마찬가지이다. 선한 삶이 무엇인지를 발견하려면 사람들은 반드시 먼저 어떤 특정한 종류의 지식을 획득해야 한다. 그러한 지식은 사람들이 수학, 철학 등등의 다양한 학문 분야에서 주의 깊게 교육을 받기만 하면 도달될 수 있는 것이다. 플라톤이 제시하는 오랜 기간 동안의 지적인 훈련을 거친 후에야 비로소 우리는 선한 삶의 본질을 알 수 있는 능력을 갖게 된다.

그런데 플라톤을 이해하기 위해서 우리가 구별을 해두어야 할 것이 있다. 그것은 플라톤이 우리가 선한 삶을 살기 위해서 반드시 지식을 가져야만 한다고 주장하는 것은 아니라는 것이다. 그가 주장하는 바는, 더 느슨한 주장으로서 우리가 선에 관한 지식을 정말로 가지게 되면 우리는 선한 삶을 살게 될 것이라는 것이다. 어떤 사람들은 지식을 소유하지 않고서도 선한 삶을 영위할 수 있지만 그것은 우연찮게 혹은 맹목적으로 그렇게 된 것이다. 선한 삶을 영위하고 있다는 확신을 갖게 되는 것은 선에 관한 지식을 갖게 될 때만이 가능한 것이다. 그래서 선한 삶을 살기 위해서 플라톤이 필요하다고 생각한 교육과정에는 두 가지의 다른 방식의 교육이 있다. 즉, 한편으로는 도덕적인 행동습관을 개발해야 하고 다른 한편으로는 수학과 철학과 같은 과목들을 공부함으로써 정신력을 개발해야 한다.

이 두 형태의 교육은 모두 필요한 것이다. 첫 번째 형태의 교육은 지식을 획득할 지적 능력을 갖고 있지 못한 사람들을 위한 것이다. 그들은 마치 고등수학을 이해할 지적인 능력을 갖지 못한 사람들이 있는 것처럼 '선한 혹은 훌륭한 삶(Good Life)'이 무엇인지를 이해할 수 없는 사람들이다. 그러나 만일 이들이 선에 대한 지식을 알고 따라서 선하게 행동할 수 있는 사람들을 모방하고 그들에게 인도를 받으면, 선한 삶의 본질을 이해할 수는 없다 해도 선하게 행동할 수 있게 된다. 이런 식의 추론에 근거해서 플라톤은 그의 유명한 『공화국(Republic)』에서 묘사한 사회 즉, 그가 말하는 '이상사회(Ideal Society)'에서는 젊은이들을 제대로 교육시키기 위해서 검열이 필요하다고 주장하고 있다. 플라톤은 젊은이들이 덕 있는 습관을 계발하고 선한 삶을 살기 위해서는 어떤 종류의 경험에는 노출되지 못하도록 할 필요가 있다고 느꼈다. 두 번째로, 특별히 재능을 많이 갖고 태어난 사람들에게 해당되는 것으로서 그들의 정신력을 개발해주어야 한다. 따라서 그들에게는 덕 있는 습관을 개발하는 것보다는 엄격한 지적인 훈련을 하는 것이 더 효과적이다. 이런 교육을 받은 사람들이 결국 이상사회의 통치자가 되는 것이다.

플라톤은 이미 오래전에 남자와 여자가 모두 참여하는 통치 계급을 그렸다. 그 사회의 통치자들은 이미 그들의 지적인 능력을 개발했기 때문에 지식을 획득하게 되고 또한 획득한 그 지식을 통해서 선한 삶에 대한 본질을 이해하게 된다. 이렇게 되면 그들은 올바르게 즉, 도덕적으로 행동할 수 있게 되며 따라서 그들이 선한 통치자들이 되는 것은 보장되어 있다. 왜냐하면 우리가 보아온 대로, 사람이 지식을 특히 선에 관한 지식을 얻게 되면 결코 악하게 행동하지 않을 것이라는 것이 바로 플라톤의 신념이기 때문이다.

2. 절대주의

플라톤의 철학에서 두 번째로 기본적인 요소는 현대 학자들이 그의 철학을 칭할 때 쓰는 말로서 '절대주의(Absolutism)'이다. 플라톤에 따르면 모두가 다 같이 따라야 하는 하나의, 그것도 단 하나의 근본적인 선한 삶이 있다는 것이다. 왜 그러냐하면 선이라는 것은 인간의 경향성이나, 욕망이나, 소원이나 혹은 인간의 견해와는 상관없는 어떤 것이기 때문이다. 선이란 것은 이런 면에서 볼 때 2 더하기 2는 4라는 수학적 진리와 비슷한 것이다. 이것은 절대적인 진리이다. 이것은 어떤 사람이 그런 사실을 좋아하든 않든, 심지어는 우리가 수학을 알든 모르든 상관없이 존재하는 진리이다. 그것은 수학 혹은 세계의 본성에 대해서 인류가 어떤 견해를 갖고 있든지 그것에 의존하는 것이 아니다. 마찬가지로 선이란 인간과는 상관없이 독립적으로 존재한다. 그러나 만일 사람들이 제대로 훈련을 받으면 발견할 수 있는 것이다.

이것을 달리 설명해보면 플라톤은 도덕을 단순히 '하나의 견해(Opinion)이거나 선호(Preference)의 문제'일 뿐이라고 주장하는 모든 도덕철학에 대해서 즉, 도덕원리를 하나의 주관적 표현이라는 주장에 반대하면서 도덕원리의 객관성(Objectivity)을 주장하는 것이다. 플라톤은 대략 다음과 같이 말했다고 요약할 수 있다. "이것이 컴퓨터이다"라는 진술은 어느 누구의 견해와도 상관없이 독립적으로 옳은 진술이든지 그른 진술이 되듯이, 어떤 행동은 절대적으로 그리고 사람들의 견해와 상관없이 옳거나 그르다는 것이다. 이렇게 볼 때 6백만 유태인을 가스실에서 살인한 나치의 행동은 절대적으로 그른 것이었다. 이런 판단이 옳은 판단인 이유는 우리가 서로 다른 윤리적 기준을 가졌지만, 다만 이 경우에는 우리 모두가 나치들의 행동이 틀렸다고 생각하기 때문이 아니라, 무엇보다도 우선 나치들의 행동들 자체가 그릇되었기 때문이고 따라서 우리가 그렇게 생각하는 것은 옳기 때문이다. "살인하지 말라"는 것은 절대적으로 객관적인 도덕법이고 나치는 이 법을 어긴 것이다.

플라톤주의는 종교철학에 엄청난 영향을 주어왔다. 왜냐하면 대부분의 신학자들은 "도둑질하지 말라" 그리고 "살인하지 말라"와 같은 도덕법을 플라톤적인 의미에서 절대적이고 객관적인 것이라고 생각해왔기 때문이다. 플라톤 철학에서 발전한 소위 신플라톤주의는 그리스 철학 자체가 거의 종교에 가까운 것으로 변화한 것으로서, 기독교와 이슬람 신학의 발전에 직접적인 영향을 끼쳤다. 그러나 우리가 주의할 점이 있는데, 플라톤주의와 대부분의 신학들이 다 같이 도덕적 기준은 객관적이라고 주장하는 데 동의하면서도 그것들 사이에는 근본적인 차이가 있다는 사실을 간과해서는 안 된다는 것이다. 플라톤 자신은 도덕적 기준이 심지어는 하나님보다 월등하다고 믿었다. 즉 선은 하나님보다 앞서 있고 하나님이 이 기준과 일치해서 행위할 때 그리고 오직 그렇게 할 때만이 선한 것이다. 이것은 하나님이 선을 창조했다는 전통적인 유태-기독교 혹은 이슬람의 견해와는 매우 다른 것이다.

3. 비 판

앞에서 살펴본 대로, 도덕철학으로서의 플라톤주의는 두 가지 기본적인 가정에 기초하고 있다. 하나는 만일 사람이 선한 삶에 대한 지식을 가지게 되면 결코 비도덕적으로 행동하지 않을 것이라는 가정이며, 다른 하나는 어떤 특정한 상황하에서는 마치 "도둑질하지 말라"는 명령에 대해서 어떠한 다른 도덕적 대안이 없는 것과 마찬가지로 모든 사람에게 하나의 선한 삶, 그것도 단 하나만의 선한 삶만이 있다는 가정이다. 이제 이 기본 가정에 대한 비판을 검토해보겠다. 우선 선에 대한 지식을 소유한 사람은 결코 부도덕하게 행동하지 않을 것이라는 신념에 대해서 살펴보자.

가. 지행합일설의 문제점

1) 알면서도 행하지 못할 수 있다.
지행합일설은 하나의 심리적 판단일 뿐이다. 플라톤을 비판하는 대부분의 철학자들은 이 명제, 즉 선에 대한 지식을 갖게 되면 결코 부도덕하게 행동하지 않을 것이라는 명제는 하나의 심리적 판단을 표현한 것이라고 해석한다. 즉 그 명제는 특정한 조건하에서 사람들이 어떻게 행동하는가에 관한 심리적 판단 중의 하나일 뿐이라고 해석한다. 그 조건이란 만일 사람들이 어떤 특정한 종류의 지식을 소유하게 되면 그들이 특정한 방식으로 행동을 할 것이라는 조건이다. 과연 플라톤의 견해가 맞는지 살펴보자.

만일 내가 일하는 은행에서 돈을 횡령하려고 마음을 먹었다고 하자. 그리고 도둑질이란 것이 그른 일이라는 말을 내가 들었다고 하자. 그러나 나는 이러한 주장에 동의하지 않을 수도 있다. 나는 도둑질이란 것이 옳은 일이라고 생각할 수도 있고 심지어는 마음속으로만 생각하는 것이 아니라 그것을 옳은 일이라고까지 당당히 주장할 수도 있다. 그러나 만일 내가 그렇게 한다면 보통 사람들은 사실상 도둑질이라는 것은 나쁜 일이라는 것을 알기 때문에 내게 도덕적 지식이 결핍되어 있다고 생각할 것이다. 이럴 경우에 나는 마치 2 더하기 2가 5라고 우기는 것과 마찬가지이다. 내가 그와 같은 견해를 가지고 있는 것은 분명히 잘못 생각하고 있는 것이다. 그러므로 내가 만일 은행으로부터 돈을 훔치는 행위를 한다면, 내가 부도덕하게 행동한 것은 도덕적 지식의 부족 때문이라고 말할 수도 있을 것이다. 이것이 바로 플라톤이 말하고자 하는 바이다. 즉 나는 '삶의 바른 길'이 무엇을 의미하는지를 도저히 이해하고 있지 못하다는 것이다. 플라톤주의가 이러한 경우에 적용될 수 있는 한에 있어서 그것은 도덕에 관한 상식적 견해와 일치하는 것처럼 보인다.

그러나 다른 한편으로, 이 이론이 특정한 경우가 아니라 모든 경우의 사람의 행동방식에 대한 심리적 설명으로 해석된다면, 그것은 중대한 결점을 지니게 된다. 왜냐하면 어떤 사람들은 도둑질이라는 것이 나쁜 줄 알면서도 계속해서 도둑질을 할수 있기 때문이다. 그러나 플라톤은 그들이 도둑질을 했다는것은 아직도 '도둑질'이라는 것이 무엇이지를 진실로 이해하지못했기 때문이라고 말할 것이다. 왜냐하면 어느 누구도 자기가하는 일이 그릇된 일이라고 알면서도 의도적으로 그렇게 행동하지 않을 것이라고 보기 때문이다. 그러나 우리가 그런 사람과 말을 해보았을 때, 그들이 도둑질이 무엇이라는 것을 분명히 이해하고 있다는 반응을 보인다면, 그리고 더욱이 도둑질이도덕적으로 그르다는 것을 인정하면서도 계속해서 그 짓을 한다면, 플라톤의 주장은 거부되어야만 할 것이다. 왜냐하면 어떤사람들은 올바른 행동방침을 분명하게 알면서도 여전히 그릇되게 행동을 하기 때문이다. 이것이 또한 인간성의 한 면이라는것을 인정한 사람은 플라톤의 제자 아리스토텔레스였다.

2) 윤리적 지식은 과학적 지식과 다르다.

그러나 플라톤의 주장은 위의 논의가 지적하는 것보다 훨씬더 미묘한 측면을 가지고 있다. 플라톤의 이론을 매력적이게끔하는 것은 그것이 우리가 일상생활에서 흔히 겪는 어려움에 대해서 보편적인 해결책을 제시하려고 하는 데 있다. 사람들은종종 자신들이 올바른 행동방침이 어떤 것인지를 모르기 때문에 어떻게 행동해야 할지를 모르는 상황에 처하는 경우가 있다. 내 나라를 지키기 위해서 사람을 죽이는 것이 올바른 일인가? 혹은 어떤 사람도 결코 죽이지 않는 것이 옳은가? 플라톤은 이러한 경우에 만일 우리들이 더 많은 정보를 가지고 있고더 주의 깊게 훈련을 받았다면 그 답을 발견할 수 있을 것이라고 말한다. 즉, 그러한 상황에 처할 때, 무엇이 올바른 행동방침인지를 알 수 있을 것이고 따라서 우리의 당혹함은 덜어질 것이다. 이러한 상황은 의사들이 겪게 되는 많은 문제들과 유사하다고 볼 수 있다. 지금 수술을 해야 할 것인가, 아니면 내일까지 기다려야 할 것인가? 이 약을 투여할 것인가, 아닌가? 이러한 문제들은 일반 사람들에게는 아주 당혹스러운 문제들이다. 왜냐하면 보통 사람들은 의학에 대한 훈련을 받지 못했고 따라서 그러한 문제를 해결할 지식이 없기 때문이다. 그러나 훈련받은 사람들에게는 이러한 어려움이 금방 해결될 것이다. 플라톤이 주장하는 요점은 결국 많은 경우에 도덕적으로 일어나는 어려움은 더 많은 지식을 얻음으로써 이론적으로 해결할 수 있다는 것이다. 그러므로 우리는 이러한 플라톤의 견해를 가볍게 무시할 수 없다.

그러나 우리는 또한 이에 대한 반론을 제시할 수 있다. 그 주된 반론은 다음과 같다. 도덕적으로 해결하기 어려운 문제들을 궁극적으로 분석해볼 때 과학적 문제와 유사하지 않다는 것이다. 과학적인 이슈에서는 그와 상관된 모든 사실들을 모아보게 되면, 원칙적으로 그 이슈가 무엇인가를 알 수 있거나, 혹은 그에 대한 가장 적절한 해답이 무엇인지를 결정할 수가 있다. 그러나 도덕적 상황에서는 항상 그런 것이 아니다. 우리는 주어진 상황에서 관련된 모든 객관적 사실들을 알 수 있다. 예를 들면 우리는 어떤 지역에 핵폭탄을 투하하면 그 결과 수백만의 인명을 잃게 되고, 그 지역은 1세기 동안 사람이 살 수가 없게 된다는 것을 알 수 있다. 다른 한편 우리는 폭탄을 투하하면 현재의 끔찍한 전쟁이 수년이나 앞당겨서 끝날 것이라는 사실도 알 수 있다. 그러나 폭탄을 투하해야 하느냐 하지 말아야 하느냐 하는 우리를 당혹케 하는 이 문제는 해결되지 않은 채로 여전히 남아 있는 것이다. 우리는 때때로 상황에 대한 더 많은 정보를 획득하게 되면 그 상황에서 우리가 어떻게 해야 할 것인가를 결정할 때 부딪치게 되는 어려움을 해결할 수 있다는 사실을 인정해야 할 것이다. 그러나 또한 항상 그런 것이 아니라는 사실도 인정해야 한다. 그러므로 플라톤의 윤리학은 상당한 제한 조건 없이는 받아들일 수 없는 윤리론이다. 도덕적 지식은 과학적인 혹은 수학적인 지식과는 유사하지 않은 것이다. 그러므로 플라톤의 잘못은 이 두 지식을 유사하다고 생각한 데 있다.

3) 소수만이 아니라 모두에게 도덕적 지식이 필요하다.

플라톤의 도덕적 지식에 대한 이해 때문에 생기는 또 하나의 문제가 있다. 플라톤은 도덕을 지식의 문제라고 보기 때문에 그에게는 도덕적 행동의 선결조건이 추상적인 도덕적 진리를 이해하는 데 필수적인 지적인 능력이다. 따라서 그는 소수의 지적 재능을 가진 사람들을 제외하고는 모든 사람이 도덕적으로 완전한 행동을 할 수 있는 가능성을 배제했다고 볼 수 있다. 이에 대해서 플라톤은 도덕적 진리를 이해할 수 있는 능력이 결핍된 사람들은 그러한 능력을 가진 사람들이 하는 통치와 충고를 받음으로써 선한 삶을 살 수 있다고 답변한다. 그러나 이 것으로는 도덕적 행위에 대한 충분한 설명이 될 수 없다. 왜냐하면 사람이 도덕적으로 행위한다는 것은 자신의 행동에 대한 책임을 져야 한다는 사실을 전제로 하기 때문이다. 만일 어떤 행동이 그것을 행하는 사람의 자유로운 선택의 결과가 아니라면 그것은 진정한 의미에서 도덕적이거나 비도덕적이라고 이야기할 수 없다. 그런데 우리가 이러한 자유로운 도덕적 선택을 하기 위해서는 플라톤이 말한 소수의 사람에게만 가능한 도덕적 이해가 우리 모두에게 필요한 것이다. 즉 도덕적 행동은 선택의 자유를 전제하고 선택은 지식을 전제하기 때문이다. 따라서 우리의 행위가 도덕적이 되기 위해서는 소수에게만 도덕적 지식이 가능한 것이 아니라, 우리 모두에게 가능해야 한다. 우리는 도덕적 행동의 이러한 근본적 특징에 대해서 플라톤보다는 아리스토텔레스를 통해서 더욱 분명하게 이해할 수가 있을 것이다.

나. 절대주의의 문제점

플라톤 윤리론의 두 번째의 기본적 가정은 모든 사람들에게 올바른 행동방침은 오로지 하나만이 있다는 것이다. 그래서 우리는 이것을 플라톤의 '절대론(Absolutism)'이라고 부른다. 우리는 이것을 1편 6장에서도 다루었고 2편 2부 현대 윤리학을 다룰 때 더 상세히 논의할 것이기 때문에 여기서는 직접적으로는 다루지 않겠다. 그러나 이러한 견해는 고대에 있어서조차도 현저히 비판을 받았던 것이며 바로 플라톤의 가장 위대한 제자인 철학자 아리스토텔레스에게서도 비판을 받았다. 이제 우리는 아리스토텔레스의 도덕철학을 살펴봄으로써, 그것이 플라톤의 도덕철학과 어떻게 다르며 특히 주어진 도덕적 상황하에서 단 하나의 올바른 행동방침만이 있으며, 선한 행위가 도덕적 이해 없이도 가능하며, 선에 대한 지식은 필연적으로 덕 있는 행동을 유도할 것이라는 플라톤의 주장을 어떻게 반대하는가를 살펴볼 것이다.

제 2 장
아리스토텔레스: 중용의 원리

1. 경험론적 윤리학

고도로 사변적인 것이 그리스 철학의 특징이었다. 이러한 특징은 많은 그리스 철학자들이 이성만을 사용해서 세계의 본성을 발견하려고 했던 형이상학에서 가장 두드러지게 나타난다. 이러한 특징은 보통 그리스인들의 윤리학적 글에서는 덜 나타나게 되지만, 역시 여전히 두드러지는 특징임을 부인할 수가 없다. 헤라클레이토스(Heraclitus, 540?-470? BC), 플라톤, 그리고 스토아학파(Stoics)와 같은 철학자들은 그들의 윤리적 견해를 부분적으로는 그들이 견지한 특정한 형이상학으로부터 도출해냈다. 예를 들면 스토아학파는 모든 행위는 엄격하게 자연법에 의해서 결정되어야 한다고 믿었다. 이러한 믿음 때문에 이들은 사람이 과연 자유롭게 행동할 수 있는가에 대해서 의문을 갖게 되었다. 왜냐하면 자유롭게 행동할 수 없다면 누구도 자기가 한 행위에 대해서 도덕적으로 책임질 수가 없기 때문이다.

일반적으로 볼 때, 이러한 사변은 비과학적인 것이다. 왜냐하면 이런 식의 사변은 사실들을 끈기 있게 꾸준히 수집하지 않고서 결론을 도출하기 때문이다. 그것은 이성만을 사용해서 세계의 본성과 인간의 본성에 대한 사실을 추론하려고 한다. 물론 이런 면에서 볼 때, 아리스토텔레스는 위대한 형이상학자들 가운데 한 사람이다. 그러나 그는 신기할 정도로 그의 윤리에 관한 글에서는 이러한 전통에서 벗어나서 윤리적인 문제에 대해서 과학적이고 경험적인 접근방식을 택한다. 그는 반성만을 통해서 모두를 위한 선한 삶에 대한 본성을 발견하려고 애쓰는 대신에 일상생활에서의 다양한 사람들의 행동과 이야기들을 검토했다. 그는 보통 사람들이 어떤 사람들의 삶을 소위 '선한(훌륭한, 좋은) 삶(Good Life)'이라고 평가하고 또 어떤 다른 사람들의 삶을 소위 '악한(나쁜) 삶(Bad Life)'이라고 평가하는 것을 주의 깊게 살펴보았다.

2. 행 복

아리스토텔레스는 보통 사람들의 평가를 주의 깊게 살펴본 후에 상식을 가진 사람들이 '선(좋음)'하다고 여기는 다양한 삶들이 모두 행복이라는 하나의 공통된 특성을 가지고 있다는 사실에 주목한다. 또한 마찬가지로 보통 사람들이 나쁜(악한) 생활이라고 여기는 삶이란 것은 모두 불행이라는 공통된 특성을 지니고 있다는 것을 밝힌다. 그러므로 "어떤 것이 인간에게 선한(좋은) 삶인가?"라는 질문에 대한 답변으로 아리스토텔레스는 한마디로 "행복의 삶이다"라고 말한다.

그러나 이러한 답변은 어떤 면에서 너무 단순한 답변이다. 이러한 답변을 넘어서 우리는 보통 사람들이 선한 삶이란 행복한 삶이라고 말할 때 그들이 무엇을 의미하는지를 알고 싶은 것이다. 그들이 말하는 행복의 삶은 쾌락의 삶, 아니면 성공한 삶, 아니면 명예를 얻은 삶을 의미하는가, 아니면 어떤 삶을 의미하는가? 행복이란 단어는 정확히 무엇을 의미하는가? 불행하게도 보통 사람들은 우리가 '행복'이 무엇을 의미하냐고 물을 때, 도움을 주지 못하는 편이다. 이들이 제시하는 답들은 그 뜻이 분명하지 못하며, 때로는 서로 다르기도 하며, 모순되기도 한다.

윤리학에서의 아리스토텔레스의 작업은 바로 이것에 대한 답변을 주려는 철학적 노력이다. 그는 행복과 같은 도덕적 용어들의 의미를 보통 사람들이 이야기하는 것보다 매우 명백하게 설명한다. 그러므로 우리는 윤리학에 관한 아리스토텔레스의 최고의 작품인 『니코마코스 윤리학(Nochomachean Ethics)』을 오늘날 '분석철학'이라고 부르는 것의 효시 중의 하나라고 말할 수 있다. 일상 대화에서 우리는 윤리적 용어들을 사용하는데 그 의미를 제대로 사용하는 경우도 있지만 잘못 사용하는 경우도 비일비재하다. 아리스토텔레스는 그의 책에서 이러한 윤리적 용어들을 더 분명한 방식으로 분석하고 설명한다.

『니코마코스 윤리학』에서 아리스토텔레스는 '행복'이라는 단어에 대한 정의를 내리고 있으며 그 후 이 말은 사람들의 입에서 널리 회자되었다. 그는 "행복이란 완전한 덕에 일치하는 영혼의 활동이다"라고 말했다. 그러나 행복에 대한 이러한 정의(定義)를 통해서 그 의미가 더 복잡해지고 이해하기가 더 어려워지는 것 같다. 왜냐하면 그것은 애매한 용어들로 표현되었기 때문이다. 사실상 그러한 정의는 수세기 동안 철학자들을 당혹케 하는 원인이 되어왔고 그래서 그것에 대한 다양한 해석이 주어져 왔다. 이 중에서 다음과 같은 해석은 매우 설득력 있는 설명 중의 하나로서, 일반적으로 받아들이는 해석이다. 아리스토텔레스는 행복이란 것이 '정적(靜的)'인 어떤 것이 아니라 하나의 **활동(活動)**이라는 사실을 강조한다. 그가 행복을 '정적'인 것이 아니라고 말함으로써 의미하는 바가 무엇인가? 사람들은 흔히 행복이란 우리가 도달하게 되는 어떤 것 즉 우리가 어떤 특정한 방식으로 행동하게 되면 도달하게 되어 있는 어떤 고정된 목표라고 생각하는 경향이 있다. 이러한 견해를 가진 사람들은 마치 제주도가 우리의 여행 끝에 도달할 수 있는 목표인 것과 마찬가지로 행복을 어떤 목표로서 생각하는 경향이 있다. 말하자면 일단 우리가 인생의 일상 활동을 통해서 우리의 여행을 마치게 되면, 그 때에 우리가 '행복'이라고 불리는 목표에 도달하게 된다는 것이다.

　그러나 바로 이것이야말로 아리스토텔레스가 부인하고자 하는 것이다. 아리스토텔레스에게는 행복은 목표가 아니다. 오히려 행복은 어떤 활동의 목표(Goal)가 되는 것이 아니라 그 활동에 뒤따라오는 어떤 것이다. 행복이란 인간의 삶의 한 특성으로서 지속성을 띤 어떤 것이다. 어떤 행동방침을 지속적으로 밀고 나간다고 해서 그가 '지속성(Persistence)'이라는 목표에 도달하는 것이 아니다. 지속성이라는 것은 목표가 아니라 일을 해나가는 하나의 방식을 말한다. 예를 들면 환경에 의해서 굴복당하는 것을 거부하는 방식을 우리는 지속성이라고 말할 수 있다. 즉, 행복이란 먹는다든지, 사랑을 한다든지, 일을 한다든지 등등 인생의 다양한 활동을 할 때 보여주는 어떤 방식이다. 어떤 사람이 이러한 활동들을 어떤 특정한 방식으로 해나갈 때 우리는 그 사람을 행복하다고 말할 수 있다 것이다. 예를 들면 어떤 사람이 먹는 것, 지적인 추구, 우정 등등을 즐기면서 의기소침해하거나 우울해하거나 걱정을 하는 경우가 별로 없다면, 그는 행복하다고 말할 수 있다. 이것이 대략 아리스토텔레스가 행복이 활동이라고 말할 때 의미하는 바이다. 그러나 이러한 간략한 설명은 아리스토텔레스의 논변을 아직 철저히 설명한 것이 아니고 예비적 보조 설명을 한 것에 불과한 것이다.

이미 언급한 대로 고전적 윤리설들은 "사람들에게 선한 삶이란 무엇인가?"와 "사람들은 어떻게 행동해야만 하는가?" 하는 두 가지의 질문에 대답하려는 시도들이다. 아리스토텔레스는 이 두 가지 의미 모두에 있어서 고전적인 윤리학자이다. 첫 번째 질문에 대한 그의 대답은 "사람들에게 선한(훌륭한) 삶이란 행복의 삶이다"이다. 그리고 두 번째 질문에 대한 대답도 마찬가지로 직접적인데 그것은 "사람들은 행복을 성취하기 위해서 행동해야 한다"이다. 그러나 이 대답 역시 아직도 분명하다고 볼 수 없다. 우리가 다시 아리스토텔레스에게 "행복을 성취하려면 더 구체적으로 어떻게 행동해야만 하는가?"라고 묻는다면, 그는 '중용의 원리(Doctrine of the Mean)'라고 불리는 유명한 공식에서 답을 발견할 수 있다고 말할 것이다. 이제 중용의 원리에 대해서 논의해보자. 그리고 이 면에서 아리스토텔레스의 도덕철학은 플라톤의 그것과 어떻게 다른지를 살펴보자.

3. 중용(中庸): 상대주의적, 경험주의적 윤리

아리스토텔레스에 의하면 행복하다는 것은 제대로 음식을 잘 섭취하는 것과 같은 것이다. 우리는 영양을 잘 공급받기 위해서 얼마나 많은 음식을 섭취해야 하는가? 아리스토텔레스의 주장에 의하면 이 질문에 대해서는 고정된 일반적인 답이 있을 수 없다고 한다. 이에 대한 답으로서 매일 1킬로그램의 고기를 먹어야 한다는 식으로 특정한 양을 정할 수 없다는 것이다. 왜냐하면 사람의 덩치에 따라서, 그가 어떤 일을 하느냐에 따라서, 또한 그가 아프냐 혹은 건강하냐에 따라서, 그리고 그 밖의 여러 가지 조건에 따라서 그 양이 달라질 것이기 때문이다. 아파트 건축 현장에서 육체노동을 사람은 책상에 앉아서 일하는 사람보다 일반적으로 더 많은 음식을 필요로 할 것이다. 그리고 덩치가 큰 사람은 덩치가 작은 사람보다 일반적으로 더 많은 음식을 필요로 할 것이다. 어떤 사람이 얼마만큼의 양을 먹어야 하는지는 여러 번의 시행착오를 통해서만 확인할 수 있다. 만일 얼마만큼의 양의 음식을 먹고서도 여전히 배가 고프면 더 먹어야 할 것이고, 똑같은 양의 음식을 먹고 속이 불편하다고 느끼면 덜 먹어야 할 것이다. 정확한 양이란 너무 많이 먹는 것과 너무 적게 먹는 것 사이의 중용이다.

이 때 우리는 중용(Mean)이라는 말을 중간(Average)이라는 말과 동의어로 해석해서는 안 된다. 가령 매일 1킬로그램의 양식은 너무 적고 2킬로그램의 양식은 너무 많은 양이라고 가정해보자. 이 때 우리는 중간치의 양(1.5킬로그램)을 먹는 것이 정확한 양이라고 말할 수 있는가? 아리스토텔레스의 답변에 의하면 그럴 수도 있고 그렇지 않을 수도 있다. 그러나 일반적으로 정확하게 필요한 양이 1.5킬로그램이라고 말할 수는 없다는 것이다. 우리의 대답은 기껏해야 1킬로그램과 2킬로그램 사이에 있는 어떤 양(糧)이라고 할 수 있을 뿐이다. 이것이 바로 아리스토텔레스가 '중용'이라는 말로써 의미하고자 하는 것이다. 우리는 1킬로그램 이상이면서 2킬로그램이 못 되는 양의 음식을 먹어야 한다. 그러나 정확한 양이라는 것은 우리가 다양한 양의 음식을 먹어보고 어떻게 느끼는지를 알아보고 나서만이 알 수 있다는 것이다.

이러한 윤리학적 논변이 가져오는 중요한 결론은 각각의 다른 사람들에게 올바른 삶의 방식이란 다양하다는 것이다. 이 사람에게는 좋은 것이 저 사람에게는 좋지 않을 수도 있다. 그리고 우리는 실제적으로 경험을 해보기 전에 이성만을 사용해서는 어떤 사람에게 어느 것이 올바른 삶의 방식인지는 알 수가 없다. 이것은 단지 경험과 시행착오를 통해서만이 확인될 수 있다. 우리는 이 두 가지 점에서 볼 때 아리스토텔레스는 윤리학에 있어서는 상대주의자이면서 경험론자라고 말할 수 있다.

행복도 마찬가지이다. 도덕적 영역에서 어떤 사람에게 적절한 행동방식은 중용에 일치하는 것이다. 예를 들면, 우리는 행복해지기 위해서 반드시 용기, 너그러움, 자존심, 기지, 겸손 등이 필요하다. 그러나 아리스토텔레스가 명명했듯이 이러한 '덕(Virtue)'들은 모두 중용(Moderation)의 덕들이다. 즉, 용기는 비겁과 경솔함의 중용이고, 너그러움은 낭비와 인색함의 중용이며, 자부심은 허영과 비굴함의 중용이다. 그러므로 아리스토텔레스의 **중용**의 철학은 다음과 같이 요약해서 말할 수 있을 것이다. 사람들이 행복을 성취하기 위해서는 반드시 절제 있게 **행동해야 한다.** 즉 두 개의 극단 사이에서 중용을 취하기 위한 **행동을 해야 한다.** 만일 사람들이 이와 같이 행동하게 되면 행복해질 것이다. 그러나 중용은 사람에 따라서 다르다. 어떤 사람들은 다른 사람들보다 더 용감할 수도 있고 덜 용감할 수도 있다. 그래서 각자에게는 자기에게 적절한 정도가 따로 있다.

그러나 플라톤에게 있어서는 '선(Goodness)'이라는 것이 절대적 특성을 지니고 있다. 사람은 선하든지 그렇지 않든지 둘 중의 하나이다. 왜냐하면 일련의 주어진 상황에서 그가 올바로 행동할 수 있는 방식은 오로지 하나이기 때문이다. 그러나 이것이야말로 아리스토텔레스가 반박하는 것이다. 왜냐하면 선한 삶이란 하나가 아니라 많이 있기 때문이다. 정말이지 사람들이 서로 다른 것만큼이나 그만큼 선한 삶이 많이 있다. 이 모든 선한 삶에 하나의 공통된 사실이 있다. 그것은 사람들이 중용에 일치한 생활을 한다면 행복을 성취할 것이라는 사실이다. 그러나 그렇게 행동하는 데는 여러 가지 많은 방식이 있으며, 따라서 행복해지는 데도 여러 방식이 있다는 것이다.

4. 고의적인 행위에 대해서만 도덕적 책임을 물을 수 있다

또한 이와 마찬가지로 "만일 사람들이 상황에 대해서 완전한 이해를 하지 못할 때 정말로 도덕적으로 행동할 수 있느냐?"는 문제에 대해서 아리스토텔레스는 플라톤과 의견을 달리한다. 그는 '고의적으로' 한 행위와 '고의적이 아닌' 행위를 구별한다. 그래서 만일 어떤 사람이 자신이 무엇을 하고 있는지를 이해하고 있지 못하다면 우리는 그 사람을 칭찬하거나 비난할 수가 없게 된다고 한다. 완전한 의미에서의 도덕적 행위란 도덕적 이해를 필요로 한다. 도덕이라는 것은 절대적인 도덕적 진리에 대한 순수한 지적 이해와 관련이 있는 것이 아니라, 실천적 지혜라든지 방금 위에서 설명했던 중용의 필요성을 깨닫는 것과 관련이 있는 것이기 때문에 우리는 모든 사람들이 다 그렇게 될 수 있다고 희망할 수 있는 것이다.

5. 선에 대한 지식이 곧 실천을 보장하지 않는다

아리스토텔레스는 선에 대한 지식은 필연적으로 도덕적인 행위를 이끌 것이라는 플라톤의 견해에 반대한다. 그는 그의 윤리학에 인간의 도덕적 약점이나 자기통제력의 결핍이라는 개념을 도입함으로써 인간성에 대해서 더 현실적인 견해를 보여주고 있다. 그는 마치 나중에 사도 바울(St. Paul, 3~14-62~69)이 이야기한 것과 아주 비슷하게 우리는 우리가 원치 않는 악을 행하며, 반면에 우리가 원하는 선은 행하지 않는다고 말한다. 우리가 무엇을 반드시 해야 할 것인가에 대해서 안다고 하더라도 그것을 확실히 실천하는 데 꼭 필요한 자기단련이 없으면 충분한 것이 못 된다. 왜냐하면 우리는 너무나도 쉽게, 다른 형태의 행위에서 오는 쾌락에 잘못 이끌릴 수가 있기 때문이다. 그러므로 우리는 어릴 때부터 선한 습관을 위한 좋은 교육을 받아야 한다. 그리고 그렇게 함으로써 중용이라는 것이 무엇인지를 이해하게 되며 또한 그것을 행동에 옮길 자기통제력을 갖게 될 것이다.

6. 어느 정도의 쾌락은 행복을 위해서 필요하다

아리스토텔레스는 윤리적 문제를 다루는 데 있어서 상식을 지닌 최초의 가장 위대한 철학자 중의 한 사람이다. 모든 사람이 자신의 경향성, 욕구, 기질, 지위 등과 상관없이 따라야 할 엄격한 요구조건들을 규정한 플라톤과는 달리 아리스토텔레스는 훨씬 덜 엄격하다. 이러한 점을 우리는 그의 쾌락의 대한 논변에서 읽을 수 있다. 그는 쾌락이라는 것이 전적으로 나쁜 것이라는 견해에 반대한다. 그의 견해에 의하면 어느 누구도 자신의 삶에서 어느 정도의 쾌락이 없으면 행복할 수가 없다고 한다. 이것은 "어느 누구도 고문대 위에서는 행복할 수가 없다"는 그의 유명한 경구에 잘 나타나 있다.

7. 비 판

아리스토텔레스가 상식적인 전망을 가지고 그의 견해를 표명함에도 불구하고, 그의 윤리학적 견해가 어려움이 없는 것은 아니다. 이제 그것들 중 몇 가지를 생각해보자.

어떤 특정한 종류의 활동을 할 때 항상 중용의 길을 따라야 한다는 것이 얼핏 보기에는 매우 설득력이 있어 보이지만, 이러한 충고가 적용되지 않는 상황이 있다. 예를 들면 약속을 지키는 것과 약속을 지키지 않는 것 사이에는 중간에 해당하는 행동방침이 없다. 우리는 어떤 사람이 약속을 지킬 때 그 사람이 도덕적이라고 느끼며, 약속을 지키지 않을 때 부도덕하다고 느낀다. (약속을 지키는 것보다 더 압도적으로 중요한 요인이 있지 않다면) 약속을 지켜야 한다는 덕목은 둘 사이의 중용 같은 것을 필요로 하지 않는다. 즉 약속을 지키든지, 아니면 지키지 않든지 둘 중의 하나만이 있을 뿐이다. 진리를 말하는 경우도 마찬가지이다. 진실을 말하든지 그렇지 않든지 둘 중의 하나이다. 여기서도 중용의 원리는 적용되지 않는다. 약속을 지키고, 진실을 말하는 경우와 같은 덕은 오히려 플라톤의 견해에 의해서 설명이 될 수 있을 것이다. 그와 같은 덕은 절대적 덕이지, 용기(경솔함과 비겁의 중용)와 같은 덕과는 달리 사람과 상황에 따라서 다른 상대적인 덕이라고 말하기가 힘들다.

아리스토텔레스에 대한 두 번째 비판은 아마도 첫 번째 비판보다 더 중요한 비판으로 볼 수 있다. 즉 아리스토텔레스는 절제의 **철학**을 으뜸된 것으로 제안하고 있다. 그의 견해에 의하면 행복은 절제된 행위로부터 온다는 것이다. 물론 이것은 많은 경우에 사실이다. 그러나 '절제하지 않은 행위'만이 적절한 행위가 되는 경우가 아주 많다. 기질적으로 열정적이고 낭만적인 사람들에게는 '절제된' 행위가 자신들에게 맞지 않는다고 느낀다. 만일 우리의 생의 모든 상황에서 자신을 통제하도록 강요받는다면 우리는 행복해질 수가 없을 것이다. 이러한 기질을 가진 사람들에게는 아리스토텔레스의 윤리론은 호소력을 잃을 것이다. 이렇게 볼 때 낭만주의는 아리스토텔레스 윤리론에 근거한 생활방식의 비판으로서 등장했다고 볼 수 있다.

제 3 장
쾌락주의: 에피쿠로스의 철학

1. 서론: 쾌락주의의 의미

이미 살펴본 대로 플라톤은 선한 삶이란 결코 쾌락과 관련되어 있지 않다고 주장했다. 아리스토텔레스는 이러한 플라톤의 주장을 완화시켰다. 즉 그는 선한 삶이란 쾌락(Pleasure)의 생활과 동일시될 수는 없지만 "쾌락은 어느 정도 행복을 위한 한 요소이어야 한다"고 생각했다. 그러나 아리스토텔레스도 소크라테스, 플라톤과 마찬가지로 쾌락 그 자체를 선악의 최고원리로 여기지는 않았다.

그러나 쾌락 자체를 도덕의 근본원리라고 주장하는 일부의 사람들이 있었다. 아리스티포스(Aristippos, 435-366 BC)를 포함해서 시레네(Cyrene)의 학파(혹은 견유학파)와 에피쿠로스(Epicurus, 341-270 BC)와 그의 학파들이 그러한 사람들이었다.

그 중 에피쿠로스는 현재까지도 끊이지 않고 이어져 내려오는 철학을 주창한 사람이었다. 그는 쾌락이 유일한 선이라는 사상, 즉, 때때로 '쾌락주의(Hedonism)'라고 불리는 견해를 가지고 있었다. 그의 철학의 영향은 그의 이름에서 기원한 'epicure(식도락가, 고어에서는 쾌락주의자의 의미)'라는 말이 아직도 영어에 남아 있는 것을 보면 알 수 있다.

하지만 많은 다른 단어들과 마찬가지로 오늘날 쓰이고 있는 'epicure'라는 말의 함축적 의미는 에피쿠로스 자신이 주장했던 철학을 정확하게 설명하지 못하고 있다. 오늘날 'epicurean'이란 말은 미식가, 즉 색다른 혹은 까다롭게 준비된 음식과 구하기 어려운 포도주를 즐기는 데서 기쁨을 찾는 사람을 묘사할 때 쓰는 말이다. 즉, 우리가 일상생활에서 흔히 소박하게 쓰는 쾌락주의는 내일 지구가 망하더라도 현재의 쾌락을 마음껏 즐기자는 것을 의미한다. 그러나 이러한 무절제한 관능적 쾌락은커녕 오히려 심한 고통을 가져다주는 쾌락주의의 역설(Paradox of Hedonism)에 부딪치게 된다. 에피쿠로스 자신은 여러 해 동안 위장장애로 고생을 했으며 결코 현대적 의미의 'epicure'가 아니었다. 그는 간소하게 먹었으며 들리는 말에 의하면 물만 먹었다고도 한다. 그리고 대체로 아주 절제 있는 삶을 살았다. (그의 편지는 다음과 같은 문장을 담고 있다. "나는 빵과 물만을 먹고 살아도 따라오는 육체적 쾌락을 만끽할 수 있다. 그리고 사치스러운 쾌락을 그것 자체 때문이 아니라 그것에 뒤따라오는 불편함 때문에 경멸한다.")

에피쿠로스의 도덕철학은 주로 **도를 지나치지 않으면서** 즐겁게 살라는 충고로 이루어져 있다. 그는 쾌락을 유일한 선으로 생각한다. 하지만 그는 만일 사람들이 너무 정력적으로 쾌락을 추구하면 결국 고통이 따라온다는 사실을 잘 알고 있었다. 우리가 술을 너무 마시면 다음날 두통과 위장의 통증을 겪지 않을 수 없다. 인생을 살아가는 적절한 방법이란 그와 같은 삶이 빚어낼 바람직하지 않은 결과로 고통을 겪지 않으면서 즐겁게 살아가는 것이다.

사실 에피쿠로스의 철학은 우리가 쾌락을 얻을 뿐 아니라 고통을 피할 수 있는 방법도 가르쳐주는 내용을 포함하고 있다고 볼 수 있다. 만일 우리가 고통으로 끝날 쾌락의 삶을 산다면 에피쿠로스는 그와 같은 삶을 바르지 못한 삶이라고 여길 것이다. 분명히 어떤 쾌락들은 고통을 수반하기 때문에 에피쿠로스는 고통을 수반하는 쾌락과 그렇지 않은 쾌락을 구분하며 단지 후자만을 선한 것(좋은 것)이라고 여긴다. 그는 전자를 '동적(Dynamic)' 쾌락이라고 불렀고, 후자를 '정적(Passive)' 쾌락이라고 불렀다. 예를 들면 성적 사랑은 피곤, 후회 그리고 우울증을 수반하기 때문에 나쁜 것이다. 다른 동적인 쾌락으로는 과식이 있고, 공적 봉사의 삶을 통해서 얻는 명예, 과음, 결혼 등이 있다. 이 모든 것들은 고통이 수반되는 것이기 때문에 나쁜 것이다. 즉 과식은 소화불량을 가지고 오고, 명예는 모든 종류의 고통을 수반할 수 있고, 과음은 두통과 질병 등등을 가지고 올 것이다. 결과적으로 에피쿠로스는 우리가 오늘날 매우 금욕적이라고 여길 수 있는 삶을 옹호했고, 또 그 자신이 그렇게 살았다. 이것은 그가 아마도 쾌락이 고통을 낳게 된다면 쾌락을 추구하는 것보다 고통을 피하는 것이 낫다고 믿었기 때문일 것이다. 한편 우정과 철학적 담화는 정적인 쾌락이다. 그것은 고통이 수반되지 않으며 따라서 에피쿠로스는 우정을 허용하고 심지어는 그것을 장려하였다.

2. 심리적 쾌락주의와 윤리적 쾌락주의

하나의 철학적 학설로서 쾌락주의는 두 가지의 형태를 띠고 있다. 첫째 형태는 '심리적 쾌락주의(Psychological Hedonism)' 라고 부르고 둘째 형태는 '윤리적 쾌락주의(Ethical Hedonism)' 라고 부른다. 심리적 쾌락주의는 실제 생활에서 사람들은 쾌락을 추구하며 그들의 삶에서 추구하는 것은 오로지 쾌락이라는 학설이다. 이 이론에 따르면 인간의 모든 활동은 쾌락의 획득과 고통의 회피를 향해서 이루어진다. 심리적 쾌락주의는 인간 행동의 동기에 관한 심리학적 사실에 대한 이론이다. 다시 말해서 사람들의 모든 행동의 이면에 있는 유일한 동기는 쾌락에 대한 욕구 — 어떤 다른 사람이 아니라, 언제나 행동을 하는 바로 그 사람의 쾌락 — 라고 주장한다. 그리스의 유명한 수학자이며 초기 아리스토텔레스와 동시대인이었던 유독서스(Eudoxus, 408-355 BC)가 바로 그러한 견해를 가졌다고 전해진다. 아리스토텔레스는 그에 관해서 다음과 같이 말하고 있다.

유독서스는 이성적 존재든 비이성적 존재든 모든 존재가 모두 쾌락을 지향하는 것을 보고서 쾌락을 최고선으로 생각했다. 그의 주장에 의하면 결국 선택의 대상이 되는 것은 좋은 것임에 틀림없고 가장 많이 선택되는 것은 가장 좋은 것 즉, 최고선임에 틀림없다고 한다. 모든 사람이 똑같은 것에 관심을 가진다는 사실은 그것이 모두에게 가장 좋은 것이라는 것을 입증하는 것이다. 그는 다음과 같이 말한다. "각자는 각자에게 좋은 것을 찾는다. 왜냐하면 그것이 자신에게 가장 알맞은 영양을 주기 때문이다. 그러므로 모두에게 좋은 것, 그래서 모두에게 목적이 되는 대상은 그들에게 최고의 선이 된다."

이런 의미에서 볼 때 우리는 에피쿠로스를 대체적으로 심리적 쾌락주의자로 해석할 수 있다. 그는 우리가 일상생활에서 하는 모든 일들은 쾌락을 얻으려는 동기에서 하는 것이라고 믿은 것이 명백하다. 즉, 사람들은 부, 명예, 감각적 쾌락을 얻는 것이 쾌락을 낳는 것이기 때문에 이런 것들을 얻으려고 몸부림치고 있지 않는가?

에피쿠로스는 또한 윤리적 쾌락주의자(물론 이러한 주장을 하기 위해서는 몇 가지 중요한 단서를 달아야 하지만)이다. 윤리적 쾌락주의는 사람들은 실제로 쾌락을 추구하고 있을 뿐 아니라, 나아가서 쾌락만이 선이기 때문에 쾌락을 추구해야만 한다는 이론이다. 윤리적 쾌락주의는 하나의 윤리설이기 때문에 사람들이 어떻게 행동해야 하는가를 결정할 표준이나 원리를 제시한다.

심리적 쾌락주의가 반드시 윤리적 쾌락주의를 수반하는 것은 아니다. 우리는 이 두 이론 중 나머지 하나를 취하지 않으면서도 어느 이론이든 하나를 취할 수가 있다. 예를 들면 우리는 사람들이 쾌락을 추구하는 동기를 가졌다고 믿으면서도 또한 사람들은 그렇게 행동해서는 안 된다고 믿을 수도 있는 것이다. 사실 이것이 대략 에피쿠로스가 취한 태도라고 볼 수 있다.

그는 사람들이 행동의 동기가 쾌락을 얻기 위한 것일지라도 어떤 쾌락들은 나쁜 것이기 때문에 회피해야 한다고 주장한다. 한편 그는 주장하기를 우정, 철학에 대한 담소 등과 같은 쾌락들은 장려되어야 할 것들이라고 한다. 선한 삶이란 바로 이러한 종류의 쾌락을 얻는 데 있는 것이다. 따라서 우리는 그가 심리적 쾌락주의를 견지할 뿐 아니라, 완화된 형태의 윤리적 쾌락주의를 주장한 것으로 해석할 수 있다.

3. 비 판

가. 심리적 쾌락주의의 한계

쾌락주의는 적어도 두 부분으로, 하나는 심리적 이론, 그리고 나머지 하나는 윤리적 이론으로 구성되어 있는 복잡한 도덕철학이다. 심리적 설명은 사람들이 그들의 일상생활에서 행동할 때 그 동기가 어떤 것인지를 있는 그대로 묘사하는 것이라고 볼 수 있다. 심리적 설명에 따르면 모든 의식적 행동은 쾌락을 찾는 데서 동기 지워진다는 것이다. 우리가 은둔자가 되든 혹은 명예를 추구하든, 심리적 쾌락주의를 받아들이면 그 어느 경우에도 우리가 그렇게 하는 행동의 동기는 쾌락에 있다. 한편 윤리적 쾌락주의는 심리적 설명을 넘어서서 더 나아간다. 즉 그것은 사람들이 쾌락을 추구해야만 한다고 주장한다. 왜냐하면 이것만이 우리가 그 자체로서 가질 만한 가치가 있는 것이기 때문이다. 쾌락주의의 이 양면은 일반 사람들뿐만 아니라 전문적 이론가들에게도 그럴듯해 보인다. 이제 왜 그런가를 심리적 쾌락주의를 숙고해보면서 조금 더 자세히 알아보자.

이 이론이 의도하는 것은 인간이 관여하는 모든 타입의 의식적 혹은 자발적인 행동을 단 하나의 원리로서 설명해보고자 하는 것이다. 일단(一團)의 현상에 대해서 가장 보편적인 설명방식을 제시하는 것이 모든 사상가들을 만족시킬 수 있는 방법인데, 특히 그 설명이 매우 단순한 것일수록 더욱 그러하다. 심리적 쾌락주의가 바로 이러한 식의 설명을 제공하려고 한다. 의식적인 행동 어느 것이라도 생각해보자. 왜 사람들은 그 행동을 하는가? 그 답은 항상 같을 수밖에 없다. 그들은 쾌락을 추구하고 있기 때문이다. 우리는 여기서 심리적 쾌락주의를 지지하기 위해서 사용할 수 있는 유명한 철학적인 구별에 대해서 언급해보자. 이 구별은 여러 가지 명칭이 있는데, 가장 흔히 사용되는 것 중의 하나가 '수단-목적'의 구별이다. 이 구별의 요점은 다음과 같다. 어떤 것들은 그 자체로서 가질 만한 가치가 있는 것은 아니나 우리에게 어떤 목표를 성취하는 것을 가능케 하기 때문에 가질 만한 가치가 있는 것이다. 한편 어떤 다른 것들은 그 자체로서 가질 만한 가치가 있는 것들이다. 이것들은 철학자들이 말하는 대로 '내재적인 가치'를 지닌다. 우리들은 그것들이 어떤 다른 것을 성취하도록 가능케 해주기 때문이 아니라 그것들 자체로서 가치가 있기 때문에 가치 있게 여긴다. 예를 들면 운동은 그 자체로서 가치가 있는 것이 아니지만 그것을 함으로써 우리가 건강해지기 때문에 — 건강은 그 자체로서 가치가 있는 것이다 — 가치를 가지는 것이다. 위의 구별 방법에 따르면 운동은 '수단'으로서의 가치를 지니며 건강은 '목적'으로서의 가치를 지닌다.

심리적 쾌락주의자의 주장도 이러한 구별에 의해서 보면, 모든 행동이 지향하는 궁극적인 목적은 쾌락이다. 즉 명예, 부, 성공과 같은 것들은 모두 이 목적을 위한 수단이다. 그러므로 심리적 쾌락주의자들은 개개인들은 **궁극적으로** 혹은 **근본적으로** 쾌락에 의한 동기에 의해서 행동한다고 말함으로써 즉, 쾌락은 모두가 추구하는 목적이라고 말함으로써 인간의 모든 의식적인 행동을 설명할 수 있다고 한다. 심리적 쾌락주의가 이런 식으로 설명될 수 있기 때문에 철학자들과 보통 사람들에게 매력적인 이론이 되어왔고 따라서 서양 사상사에서 늘 커다란 영향을 끼쳐왔다.

1) 수전노에게는 쾌락이 목적이 아니다.

그러나 이러한 쾌락주의의 설명이 의식적 행동에 대한 과학적 설명이라고 말한다면 오히려 그것은 오늘날의 과학적인 철저한 점검을 견뎌낼 수가 없다. 심리학자들은 사람들이 때때로 쾌락이 동기가 되어서 행동한다는 것에 동의하지만, 동시에 그것이 항상 그런 것은 아니라는 사실도 지적한다. 왜냐하면 어떤 사람들은 쾌락을 얻기 위한 수단으로서 부를 얻으려고 시작했지만, 나중에 가서는 부를 목적 그 자체로 여기게 될 수도 있기 때문이다. 심리학적인 용어로 말하면 그들은 부의 획득에 '집착하게(Fixated)' 되며, 따라서 부는 쾌락을 얻을 수 있는 수단이라는 사실을 무시하게 된다. (이와 같은 사람들을 우리는 흔히 '수전노'라고 부른다.) 심리학자들의 지적에 의하면 이러한 사람들은 돈을 획득하고자 하는 동기가 너무 강한 나머지 쾌락의 추구를 무시해버리기 쉽고 심지어는 쾌락의 추구가 돈의 획득에 방해가 된다고 생각하며 쾌락의 추구가 자신들에게 가치 있는 것이라는 사실조차도 거부하게 된다. 우리는 신문에서 요 밑에 숨겨둔 재산이 많이 있음에도 불구하고 비참한 조건에서 사는 사람들에 관한 기사를 심심찮게 읽을 수 있다. 그들에게는 쾌락의 획득이 아니라 돈의 획득이 목적이 된다. 이러한 이유 때문에 심리학자들은 심리적 쾌락주의가 인간의 의식적인 동기를 모두 정확하게 설명했다고 보지 않는다. 이 예는 그런 예외 중의 하나일 뿐이다.

불행하게도 심리적 쾌락주의는 전혀 과학적 이론이 아니다. 그래서 우리는 그것을 단지 최근의 과학이 발견해낸 사실에만 비추어보아도 반박할 수가 있다. 이것은 우리가 방금 심리적 쾌락주의자들의 주장을 반박한 것에 대해서 그들이 제시할 응답을 살펴보게 되면 드러나게 된다. 심리적 쾌락주의자들은 수전노는 결국 돈을 모음으로써 실제로 쾌락을 얻었다고 주장하면서 다음과 같이 설명할 것이다. 수전노는 단지 쾌락을 얻기 위한 보통의 수단 즉, 멋있는 집에 살고, 잘 먹고 하는 등등의 수단을 포기한 것뿐이다. 쾌락을 얻기 위한 수단은 여럿이다. 그러나 수전노는 그 수단을 돈을 긁어모으는 것으로 한정했을 뿐이다. 돈이 목적 그 자체가 된 것이 아니라 오히려 쾌락을 얻기 위한 유일한 수단이 된 것뿐이다. 쾌락은 여전히 수전노가 얻으려고 하는 목적이다.

2) 쾌락은 목적이 아니라 결과로서 수반되는 것이다.

이쯤 되면 쾌락주의는 과학이 발견해낸 사실에 의해서 확인되거나 혹은 반박될 수 있는 대상이 되지 않는다. 이제 이것은 과학적인 문제라기보다는 철학적 문제가 된 것이다. 왜냐하면 우리가 어떤 사실을 증거로서 제시하더라도 그 사실을 가지고서 그 문제를 해결할 수 없기 때문이다. 그러나 심리적 쾌락주의를 이런 식으로 해석하더라도 우리는 여전히 철학적 근거에서 공격할 여지가 있다. 왜냐하면 어떠한 이론도 우리가 그것을 객관적 사실(Facts)에 근거해서 반박할 수 없게 될 때에는 그 이론은 설명의 힘을 잃어버리기 때문이다. 그 이론은 '정의(定義, Definition)'상으로는 참이 될 수 있을지는 모르지만 더이상 순수과학의 이론이 세계를 설명하는 방식으로 세계를 설명할 수는 없다. 왜냐하면 그것이 참인지 거짓인지는 더 이상 사실들에 의해서 결정될 수가 없기 때문이다. 이렇게 될 경우에 그 이론이 처음에 설명하려고 했던 사실들에 대해서 만족스러운 설명을 우리에게 제시해주지 못한다는 근거로 우리는 그 이론을 거부할 수 있다. 심리적 쾌락주의에 의하면 '쾌락'을 사람들이 '욕구하는 것'이라고 규정한다. 그러므로 "모든 사람들은 '쾌락'에 대한 욕구에 의해서 행동하게 된다"는 쾌락주의의 주장은 결국 "모든 사람들은 '욕구하는 것'에 대한 욕구에 의해서 행동하게 된다"는 동의어 반복이 되어버리고 만다. 결국 반박할 가치도 없는 동의어 반복이 되어버리고 말았다.

심리적 쾌락주의가 이런 비판을 받지 않을 수 없는 이유는 욕구의 대상과 그 욕구를 충족시킴으로써 오는 결과 즉, 쾌락을 구별하지 않기 때문이다. 어떤 사람이 어떤 것에 대한 자신의 욕구를 만족시키는 것이 그에게 즐거운 경험을 준다고 해서 그가 욕구하는 것이 바로 그 즐거운 경험을 말하는 것은 아니다. 예를 들어 권력을 욕구하는 사람을 보자. 권력에 대한 그의 욕구는 권력을 소유하고 행사하는 가운데서 얻어지는 쾌락에 대한 욕구 그 자체일 수는 없다. 왜냐하면 그가 쾌락을 경험한 다는 것은 권력에 대한 그의 욕구가 이루어진 것을 전제하기 때문이다. 그가 권력을 원치 않았다면 권력을 얻었다 해도 만족하지 못할 것이다. 즉, 쾌락을 느끼지 못할 것이다. 이 말은 그가 욕구하는 것이 권력이지 그 권력을 소유하고 행사함으로써 얻는 즐거움이 아니라는 것이다. 실로 쾌락 그 자체가 그가 욕구하는 것이 될 수 없다. 왜냐하면 쾌락은 오직 다른 어떤 것을 원하는 결과로서만 그에게 경험되기 때문이다.

나. 윤리적 쾌락주의 비판

심리적 쾌락주의와는 대조되는 윤리적 쾌락주의는 두 부분으로 나누어서 이야기할 수 있는데, 하나는 "사람들에게 선한 삶이란 무엇인가?"에 대한 답변이고, 다른 하나는 "사람들은 어떻게 행위해야만 하는가?"에 대한 대답이다. 윤리적 쾌락주의자의 답에 의하면 첫째로, 선한 삶이란 쾌락의 삶으로 구성되어 있으며 둘째로, 사람들은 쾌락을 얻기 위해서 행동해야만 한다. 이제 이 윤리적 쾌락주의의 답변에 대한 반박들을 살펴보자.

우리는 이미 쾌락주의의 창시자인 에피쿠로스 자신도 어떤 쾌락은 고통을 낳거나 또는 고통을 수반할 수 있다는 사실을 인정했다고 말했다. 예를 들면 코카인(Cocaine)은 쾌락을 주기도 하지만 계속해서 흡입하면 신체적, 정신적 타락을 초래한다. 그러므로 어떤 쾌락들은 나쁘다. 그렇다면 우리는 단순히 선한 삶은 쾌락의 삶과 동일하다고 주장할 수 없다. 에피쿠로스는 고통스러운 결과를 낳지 않는 쾌락을 찾음으로써 이러한 어려움을 피하려고 했고, 그와 같은 쾌락이 선한 삶을 구성한다고 주장했다. 그러나 이러한 해결방식으로는 충분치 못하다. 왜냐하면 그가 정적인 쾌락이라고 여긴 우정조차도 때로는 시련이 수반되기도 하기 때문이다. 예를 들면 친구가 죽게 되면 우리는 죽음으로부터 찾아오는 슬픔 때문에 심한 고통을 겪게 된다.

쾌락은 선이라는 주장을 에피쿠로스와는 다른 방식으로 옹호하는 경우도 있다. 이 옹호 방식에 의하면 쾌락 그 자체는— 심지어는 코카인을 흡입함으로써 얻는 쾌락 자체도— 결코 나쁘지 않다. 나쁜 것은 고통스러운 결과 자체뿐이다. 예를 들면 만일 어떤 마약이 코카인을 흡입함으로써 생긴 고통을 제거하기 위해서 고안될 수 있다면, 누가 그것으로부터 우리가 얻는 쾌락이 좋다(선하다)는 사실을 부인하겠는가?

우리는 이러한 옹호를 논리적으로는 공격할 수 없을지 모른다. 그러나 그것은 과연 윤리적 쾌락주의가 일상생활의 행동에 수용할 만한 지침을 제공해줄 수 있을 것인가 하는 의심을 갖지 않을 수 없다. 왜냐하면 우리는 실제에 있어서 어떤 행동방침을 따랐을 때 따라오는 고통스러운 결과를 즐거운 결과로부터 항상 분리해낼 수 있는 것이 아니기 때문이다. 만일 우리가 코카인을 사용하면 확실히 쾌락을 얻을 수도 있지만 우리는 또한 그렇게 행동한 결과로서 고통도 겪게 될 것이다. 윤리적 쾌락주의자들이 충고하는 대로 누군가에게 쾌락을 추구하도록 충고한다면 그것은 실제에 있어서는 종종 또한 고통을 추구하도록 충고하는 것과 다를 바가 없다. 왜냐하면 그 둘은 때때로 분리할 수가 없기 때문이다. 결과적으로 윤리적 쾌락주의는 때때로 사람들에게 그 쾌락이 고통을 수반한다면 그 쾌락을 추구하지 말라고 충고해야 할 것이다. 따라서 윤리적 쾌락주의의 실제적인 결과는 그 이론과 양립할 수 없다고 볼 수 있다.

다음으로 사람들은 쾌락을 얻기 위해서 행동해야만 한다는 주장을 살펴보자. 이 주장도 언뜻 보기에는 그럴듯해 보인다. 그러나 조금만 깊이 생각해보아도 그것은 우리가 어떻게 행동해야만 하는가에 대한 우리의 상식적 믿음에 어긋나는 것을 알 수 있다. 다음의 경우를 생각해보자. 어떤 군인이 중요한 초소에서 보초를 서고 있다고 하자. 그는 앞뒤로 왔다갔다 걷지 않을 수 없는데 이것이 그에게는 단조로운 일이다. 마침 그 날은 후텁지근한 밤이다. 이쯤 되면 계속해서 초소에 있는 것보다는 차가운 음료수를 마실 수 있는 주점으로 향하는 것이 더 즐거운 일일 것이다. 그러나 대부분의 사람들은 만일 그가 이러한 이유로 초소를 떠난다면 그가 잘못 행동하고 있다고 말할 것이다. 만일 그가 자기는 쾌락을 추구하기 때문에 그로서는 하지 않으면 안 될 행동을 한 것이라고 말한다면, 우리는 그의 변명을 일고의 가치도 없는 것이라고 웃어넘길 수밖에 없다. 보통 사람들은 때때로 쾌락을 얻기 위해서 행동해야 한다고 느끼지만 항상 그런 것은 아니다. 때때로 우리들은 반드시 지켜야 할 어떤 의무가 있으며, 이 경우에 우리는 쾌락을 얻지 못하더라도 의무를 완수하기 위해서 행동해야만 한다. 윤리적 쾌락주의가 사람들이 사회에서 어떻게 행위해야 하는가에 대한 체계적인 이론이라고 해석될 경우에, 우리는 방금 인용한 반론을 통해서 윤리적 쾌락주의는 이와 같은 행위를 충분히 설명할 수 없는 이론이라고 반증할 수 있다.

이와 같이 쾌락주의는 비록 이론적으로는 매력적일지는 모르지만, 도덕적 행위에 대한 우리의 일상적 감정과는 어긋난다는 것을 알 수 있다. 우리는 일반적으로 한량(閑良)들이 하는 짓을 반대하는데 어떤 도덕적 근거에서 그렇게 하는가? 우리가 반대하는 이유는 단순히 그들이 식사, 포도 등등과 같은 피상적인 즐거움을 추구하기 때문만이 아니라, 더 근본적인 관점에서 볼 때 쾌락이라는 것은 사람들이 추구해야 할 유일한 대상이 아니기 때문에 반대하는 것이다. 쾌락에 대해서 보통 사람들이 취하는 자세는 에피쿠로스적이기보다는 아리스토텔레스적이다. 보통 사람들은 때때로 쾌락이 가치 있는 대상이라고 느끼며, 사실상 인생에 어느 정도의 즐거움이 없다면 어떠한 인생도 행복할 수가 없다고 느낀다. 그러나 쾌락이 유일하게 가치 있는 목표라는 주장에 대해서는 반대할 수밖에 없다. 또한 윤리적 쾌락주의는 실제 생활에서 따를 수 없는 충고를 담고 있기 때문에 우리는 그것을 거부한다.

제 4 장
견유철학: 냉소주의

1. 윤리와 사회상황

우리는 앞에서 플라톤주의, 아리스토텔레스주의, 그리고 에피쿠로스주의에 관해서 이야기할 때, 그것들이 마치 당대의 사회적 조건과는 상관없이 고안된 윤리철학인 것처럼 이야기했다. 여러 가지 목적을 위해서 사회적 조건에 대한 언급 없이 이러한 식으로 추상화하는 작업은 유용한 측면이 있다. 그러나 동시에 우리는 도덕철학은 상당한 정도로 시대의 산물이라는 것을 강조하지 않을 수 없다. 만일 우리가 이러한 사실을 인정하지 않는다면 그와 같은 윤리이론들이 그렇게도 많은 사람들에게 널리 호소력을 가졌던 이유를 설명할 수 없게 된다.

위대한 철학자들은 특히 도덕철학자들은 보통 사람들이 단지 희미하게 인식하고 있던 것을 더 분명하게 그리고 대개는 더 인상 깊게 말한 것을 볼 수 있다. 이것은 특히 견유학파의 윤리설과 스토아학파의 윤리설의 경우에 사실이다. 왜냐하면 이 윤리설들이 그렇게 많은 사람들을 매료시켰던 이유를 그 윤리설들이 나오게 된 사회적 조건들에 대한 어느 정도의 지식이 없이는 충분히 이해할 수 없기 때문이다. 이것은 어느 정도 쾌락주의에도 해당되는 말이다. 사람들이 큰 재난을 당하게 되면 무너져가는 세상에서 위로와 안전을 주는 것으로서 쾌락을 붙들 수 있다. 쾌락주의는 이러한 행동을 정당화해주는 철학이다. 그리고 그와 같은 조건하에서 사람들은 쾌락주의에 매력을 느낄 것이다. 이러한 점에서 볼 때 쾌락주의는 **절망으로부터** 생겨난 철학이라고 볼 수 있다.

견유철학과 스토아주의는 일반적으로 말해서 위안의 철학이라는 점에서 쾌락주의와 닮은 점이 있다. 그러나 이들은 쾌락주의와는 달리 쾌락의 획득이 인생의 적절한 목표라고 제안하는 대신에 다른 충고를 하고 있다. 왜 그리고 언제 이들의 철학이 생겨났으며 "사람들에게 선한 삶은 무엇인가?" 그리고 "사람들은 어떻게 행위해야만 하는가?"와 같은 우리의 삶에 늘 붙어 다니는 문제에 대해서 이들이 무엇이라고 대답하는가를 알아보자. 민주주의

사람들이 역경을 다루는 방법은 여러 가지가 있다. 그들은 역경에 굴복할 수도 있으며, 그것으로부터 회피할 수도 있으며, 역경을 그대로 수용할 수도 있으며 등등 여러 가지 반응을 보일 것이다. 이러한 여러 종류의 행동의 타입에 대해서 그것들을 각각 정당화시켜주는 윤리설들이 있다. 예를 들면 정적주의(靜寂主義, Quietism) 혹은 순리주의(順理主義)는 사람들에게

역경을 받아들이고 그것에 순응할 것을 충고하는 동양의 도덕철학이다. 쾌락주의는 역경으로부터 회피하는 방식으로 볼 수 있으며, 공리주의는 그것과 맞서서 싸우는 방식으로 이해할 수 있다. 모든 윤리설들은 사람들이 자신들의 개인적 삶에 혹은 자기가 살고 있는 세상에 불만족을 느낄 때 생겨난다. 사람들이 자신의 운명과 자신들이 사는 세상의 상황에 만족한다면 일반적으로 그것을 바꾸려고 애쓰지 않을 것이다. 그렇게 할 필요를 느끼지 않을 것이다. 사람들은 불만족스러울 때 자기가 처한 상황을 바꾸려고 노력하는 법이다. 사람들은 이러한 상황과 싸울 수도 있으며 그것을 피하려고 애쓸 수도 있다. 마찬가지로 철학자들은 보통 사람들이 실제로 행동하는 방식에 불만족을 가지지 않는다면 그들이 어떻게 행동해야만 하는가에 대한 이론들을 만들어내지 않는다. 즉, 철학자들은 자신들 나름대로 바라보는 상황을 변경하기 위한 충고로서 윤리설들을 내놓는 것이다.

2. 견유학설의 특징: 사회적 무관심, 개인적 구원, 금욕주의

이것은 특히 견유철학의 경우에 사실이다. 그것은 자신들 주변의 세상이 붕괴하는 것 때문에 혹은 개인적 절망 때문에 삶이 참을 수 없을 지경에 이른 사람들이 어떻게 행동해야 할 것인가에 대한 처방으로 볼 수 있다. 이러한 붕괴는 부분적으로는 그리스 도시국가들의 쇠퇴와 함께 시작했으며, (스파르타와 아테네 사이 혹은 스파르타와 코린트 사이의 잦은 전쟁과 그러한 전쟁에 수반되는 엄청난 살상과 파괴를 참작하면 이들의 상황을 이해할 수 있다) 그들의 비참한 삶은 알렉산더 제국의 멸망에 따라온 혼란에 의해서 더욱 악화되었다. 제국과 같은 거대한 사회제도들이 붕괴될 때, 사람들이 어떻게 개인적인 구원을 성취할 수 있는가에 대해서 고민하게 되는 것은 당연한 일이다. 견유학파의 이론은 이러한 질문에 하나의 답변을 제시하는 것이다. 그 이론에 의하면 모든 문명의 열매들 즉 정부, 사유재산, 결혼, 종교, (고대 그리스의 사회제도 속에서의) 노예제도, 사치, 그리고 모든 인위적인 감각적 쾌락들은 가치가 없는 것이다. 만일 구원이 발견될 수 있다면 그것은 사회라는 것을 거부하는 데서 그리고 단순한 생활, 즉 금욕적 생활을 하는 데서 구원을 찾을 수 있는 것이다.

디오게네스(Diogenes, 412?-323 BC)와 같은 초기 견유학자들은 생활방식이 검소한 나머지 동물에 비길 정도의 비참한 생활을 실천했다. 사실 'Cynic'이라는 말은 '개 같은(doglike)'이라는 의미를 가진 그리스어 '쿠노스(kunos)'로부터 왔다. (또한 그것과 같은 어원을 가진 것으로 'Canine'이 있는데, 이 단어는 '개의, 개 같은, 개과(科)의' 혹은 '개과의 동물, 개, 송곳니, 견치'라는 뜻을 가지고 있다.) 예를 들면 디오게네스는 큰 통에서 살면서 모든 문화적인 것들 ― 옷, 음식, 개인적 청결 등등 ― 을 거부했다고 한다. 디오게네스와 당시의 가장 강력한 통치자 알렉산더 대왕 사이에 주고받은 한 유명한 이야기가 있다. 한번은 알렉산더가 디오게네스를 방문하러 와서 디오게네스에게 간신히 연명하고 있는 비참한 생활조건을 덜어주기 위해서 자기가 할 수 있는 일이 무엇이냐고 물었다. 그러자 디오게네스는 다음과 같이 대답했다고 한다. "좋아요. 내게 오는 태양 빛을 막지 말고 비켜주시고 태양을 좀 보게 해주시오."

견유학파는 세상은 근본적으로 악한 것이라고 믿었다. 그러므로 올바로 살기 위해서 사람들은 세상일에 참여하지 말아야 한다. 그러나 사람들은 공적인 삶을 떠나서 사적인 삶만을 산다 해도 돈, 집, 좋은 옷 등등의 보통 사람들이 소중히 여기는 것을 얻으려고 애쓰게 된다. 그러나 이 모든 것들도 언제 없어질지 모르는 불안정한 것들이다. 왜냐하면 만일 우리가 우리의 소유에다가 우리의 행복을 맡긴다면 우리는 또다시 실망하게 될 것이기 때문이다. 따라서 모든 외적인 것들은 그것이 사적인 것이든 공적인 것이든 의존할 대상이 되지 못한다. 만일 우리가 세상에서 구원을 얻으려고 한다면 그것은 우리 자신 안에서 찾아야 한다. 덕은 바로 우리 안에 있기 때문이다. 그러므로 견유학파는 세상에서 선이라고 여기는 것들을 거부할 것을 주장했다. 그리고 외적인 것을 이런 식으로 무시함으로써 두려움으로부터 해방될 수 있다는 것을 사람들에게 보여주려고 했다. (나중에 살펴보겠지만 이러한 이론이 훨씬 더 세련된 모습을 갖추고 나타나는 것을 스피노자의 철학에서 발견할 수 있으며, 이러한 이론의 상당한 요소가 다음 장에서 다룰 스토아주의에서 보인다.)

어떻게 'Cynical(냉소적인)'이란 단어가 현대적 의미를 갖게 되었는가를 살펴보는 것은 흥미로운 일이다. 외적인 선(善)을 거부하는 것은 다른 사람들과의 관계도 거부하는 것을 포함했으며 따라서 다른 사람들에 대한 완전한 무관심과 무감정이 뒤따르게 되었다. 더욱이 디오게네스나 안티스테네스(Antisthenes, 444?-365? BC)와 같은 초기의 견유학파 사람들은 위에 언급했던 가르침에 따라서 극단적으로 검소한 가운데 도덕적이고 정직한 삶을 살았지만, 후기의 추종자들은 그들의 가르침을 개인적 이익을 위해서 이용했다. 그들은 돈과 양식을 친구로부터 꾸고서 이 빚을 갚을 때가 되면 그들의 '무관심'의 교설을 적용시켰다. 사람들은 점점 더 이 교설이 본래적 의미를 상실하고 불성실하게 적용되는 것을 느끼게 되었다. 바로 그와 같은 느낌으로부터 'Cynical'이라는 말은 현대적 의미를 갖게 되었다.

견유학설은 무엇보다도 반사회적인 윤리설이라고 말할 수 있다. 그것은 사람들이 사회적 존재로서 어떻게 행복해질 수 있느냐는 문제에 대해서 관심이 없고, 대신에 개인적인 구원을 성취하는 방식을 제안한다. 이런 식으로 해서 견유학파의 윤리설은 단지 개인적인 덕(德)만이 근본적으로 중요하다고 주장하면서, 사회적인 규범들을 경시하는 철학을 만들어내는 데 상당한 일조를 한다. 이러한 견해는 알렉산더 제국이 붕괴한 이후의 고대 세계를 더욱 도덕적 혼란에 빠지도록 부추겼다.

견유학설은 반사회적일 뿐 아니라 동시에 금욕주의의 선구자 중의 하나이기도 하다. 세속적인 소유가 가치 있다는 주장을 거부하는 견유학설은 프랑스의 소설가이자 비평가인 아나톨 프랑스(Anatole France, 1844-1924)가 1890년에 내놓은 소설 『타이스(*Thais*)』에서 훌륭히 그려진 금욕주의의 한 선구가 되었다. 이 소설에 등장하는 사람들은 이집트의 사막에서 밤에는 딱딱한 바닥에 눕고, 한 번에 며칠 동안 금식을 하며, 정신적, 육체적 고통을 스스로에게 가하면서 고독하고도 비참한 삶을 산다.

철학으로서의 견유학설은 보통 사람들에게 커다란 영향을 끼쳤을 뿐 아니라 초기 기독교 철학의 발달에 있어서도 상당히 중요한 요인이 되었다. 수도승이란 어떤 면에서 볼 때 견유학파의 충고를 따르는 사람들이라고 이야기할 수 있다. 수도승은 결혼, 사유재산의 축적, 그리고 명성과 같은 세상 사람들이 좋아하는 것들을 멀리하면서 소박하고도 검소한 은둔생활을 한다. 그리고 이 모든 수행은 개인으로서의 그의 인격을 도야하기 위한 것이며 얽매임이 없이 하나님에게 헌신하려고 세상을 버리기 위한 것이다. 따라서 견유학설은 전반적으로 초세속주의 혹은 피안주의(彼岸主義) 형성에 영향을 끼쳤으며 그렇기 때문에 기독교 같은 경건주의적 종교가 옹호하는 생활방식에 영향을 주는 데 큰 역할을 했다.

제 5 장
스토아철학: 의무주의

1. 스토아주의의 강력한 영향

스토아주의는 기독교가 나오기 전의 고대 서구 세계에서 가장 강력한 영향을 끼쳤던 윤리사상이라고 말해도 무방할 것이다. 그것은 알렉산더의 사후에 그리스를 풍미했고 스토아주의가 기독교로 대치될 때까지 로마인의 사고를 지배했던 사상이다. 그러나 쾌락주의나 견유학설이 그 사상들이 발단된 후 그 뒤에도 별로 변화를 겪지 않은 반면에, 스토아주의는 긴 역사를 통해서 숱한 급진적 발전을 이룬 학설이다. 그것은 견유학설의 발달로 시작해서 플라톤적인 이상주의의 형태로서 끝난다. 그러나 대부분의 변화는 형이상학적 견해와 논리학에서 나타났고 윤리적 견해는 비교적 안정적이었다. 여기서 우리는 윤리학에 대해서 이야기하고 있기 때문에 스토아학파의 윤리이론에서 일어났던 사소한 변화들은 무시하려고 한다.

스토아주의의 창시자는 제논(Zeno)이라는 이름을 가졌던 사람이다. (같은 이름을 가진 유명한 논리적 역설의 창시자 엘레아의 제논(Zeno of Elea)과 혼동해서는 안 된다.) 전하는 말에 의하면 제논은 BC 3세기에 현관에 서서 강의를 했다고 한다. 스토아주의(Stoicism)라는 말은 바로 이러한 역사적 사실로부터 기인한다. 왜냐하면 'stoa'는 '현관(porch)'을 의미하는 그리스 말이기 때문이다.

2. 개인적 구원에 대한 관심과 외적인 것에 대한 무관심

견유학파와 마찬가지로 스토아학파도 그리스의 도시국가와 알렉산더 제국의 붕괴로 엄청난 좌절과 낙담을 겪는다. 스토아학파는 사회를 다시 세운다는 희망은 전혀 가능하지 않다고 느꼈다. 따라서 그들의 철학은 각 개인들에게 무너져가는 세상에서 개인적 구원을 얻을 수 있는 충고를 하고 있다. 이제 곧 살펴보겠지만 스토아주의는 상당히 복잡한 도덕이론이긴 하지만 개인적 구원을 성취하기 위한 근본적 교설이라는 점에서는 견유학파의 교설과 매우 흡사하다. 그래서 한마디로 다음과 이야기할 수 있다. "외적인 영향에 무관심해지는 방법을 배워라!" 로마의 노예로 생을 시작해서 로마정부의 관리로 출세한 에픽테토스(Epictetus, 55-135)는 스토아학파에서 가장 유명하고 영향력 있는 사람 중의 한 사람이다. 그의 유명한 '전진이냐 혹은 발전이냐(Progress or Improvement)'에 관한 강연에서 그는 왜 우리가 무관심의 철학을 도야하는 법을 배워야만 하는지에 대해서 다음과 같이 이야기한다.

　　그러면 진보는 어디에 있는가? 여러분들 가운데 누구라도 다음과 같이 생각하고 행동하는 사람은 진실로 진보하는 사람이고 인생을 헛되이 여행한 사람이 아니다. 외적인 것으로부터 물러나서 자신의 의지를 훈련하고 그것을 개선하기 위해서, 의지를 자연에 순응토록 하고, 고양시키고, 자유롭게 하고, 억눌리지 않게 하고, 방해받지 않게 하고, 충실하게 하고, 겸손케 하기 위해서, 자신의 의지로 방향을 돌리는 사람. 그리고 자신이 마음대로 할 수 없는 것들을 바라거나 피하려는 사람은 충실한 것도 아니고 또한 자유로운 것도 아니라는 사실을 깨닫는 사람. 나아가서 오히려 자신이 마음대로 할 수 없는 것들에다가 자신을 맞추어서 변화하는 것이 당연하다고 느끼는 사람. 자기가 바라는 것을 확보해 가지고 있거나 피하고자 하는 것을 미리 막을 수 있는 힘을 가진 사람들에게 불가불 자신을 맡겨야만 한다고 느끼는 사람. 그리고 아침에 일어나서 이러한 규칙을 준수하고, 충직한 사람으로서 목욕을 하고, 절제 있는 사람으로서 식사를 하는 사람. 이 같은 방식으로 자기에게 일어나는 모든 일에서 마치 마라토너가 달리기에 대해서 그러는 것처럼, 목소리를 훈련하는 사람이 목소리에 대해서 그러는 것처럼, 자신의 삶의 주요한 원칙을 성취하는 사람들. 이러한 모든 사람들은 진실로 진보하는 사람들이며 인생을 헛되이 산 것이 아니다. 그러나 책을 읽는 데 온갖 노력을 다하고 이것에만 땀을 흘리고 이것을 위해서 인생의 여정을 걸어온 사람들은 즉시 집으로 돌아가서, 거기서 진짜 해야 할 일을 소홀히 하지 말 것을 부탁한다. 왜냐하면 그가 목표로 걸어왔던 것이 아무것도 아니기 때문이다. 진짜 배워야 할 것이 있다. 그것은 우리가 한탄과 불평을 하며 사는 삶, 그리고 자신의 삶을 스스로 저주하는 삶에서 벗어날 수 있는 방법을 연구하는 것이다.

위의 인용문에서 추론할 수 있듯이 스토아학파는 선 혹은 악은 자신에게 달려 있다고 믿었다. 다른 사람들이 당신에게 영향을 주는 외적인 문제들을 마음대로 할 힘을 가지고 있다고 하자. 그리고 그들은 당신을 투옥하거나 고문할 수 있거나 혹은 당신을 노예로 만들 수도 있다고 하자. 그러나 그럼에도 불구하고 당신이 이러한 일에 무관심해질 수 있다면 다른 사람들은 진정한 의미에서는 당신을 좌지우지할 힘을 갖지 못할 것이다. 이러한 주장은 에픽테토스가 "덕은 의지에 있다. 즉 오로지 의지만이 선하거나 나쁜 것"이라고 말하는 가운데 잘 나타난다. 만일 사람이 선한 의지를 가지고 있다면(그리고 외적인 일에 계속해서 무관심함으로써 선한 의지를 가질 수 있다면), 사람의 생애에 있어서 어떠한 외적인 사건도 그의 본질적 인격을 파괴할 수 없다. 그가 그와 같은 사건이나 일에 무관심할 때 그는 자유인이 되는 것이다. 그는 더 이상 자신의 바깥의 일에 집착하는 데 묶여 있지 않다. 무관심을 보임으로써 우리는 바깥 세상에 의존하지 않고 독립적이게 된다. 그래서 세상이 아무리 혼란하더라도 이 혼란이 우리의 개인적 구원을 성취하지 못하게 하지는 못한다.

3. 운명예정설과 내적 자유

스토아학파의 윤리적 견해는 그들의 형이상학과 따로 떼어놓으면 충분히 이해할 수가 없다. 그들은 운명예정설 즉, 세상의 모든 일들은 미리 고안된 어떤 계획에 따라서 신에 의해 정해져 있다고 믿었다. 어떤 일도 우연히 일어나지 않는다. 덕(德)

은 자연에서 일어나는 일과 일치하고자 하는 의지 안에 있다. 좀더 쉬운 말로 하자면 사람이 주변에서 일어난 일들을 수용하는 법을 배울 수 있게 되고, 이 모든 일은 사람으로서는 변경할 수 없는 것으로 신이 이미 계획한 것의 일부라는 것을 이해할 수 있을 때 그는 덕 있는 사람이 되는 것이다. 따라서 우리가 어떤 일을 시도하기 전에 그 일들은 이미 그렇게 되게끔 되어 있다는 것을 이해하게 되면 그것을 억지로 변경하려고 할때 생기는 좌절이나, 비탄, 절망을 피할 수 있게 된다. 사람은 이러한 사실을 이해할 때 자유롭게 된다. 자유롭지 못한 사람이란 세상일을 억지로 바꾸려고 애쓰려는 사람이다. 주변의 일에 무관심해지는 연습을 함으로써 우리는 그것들이 우리의 근본적인 인격에 영향을 주지 못할 정도의 마음을 닦게 된다. 그리고 그렇게 할 때 우리는 덕 있는 사람이 된다. 특별히 스토아학파는 자신을 욕망과 열정으로부터 자유롭게 하는 것을 중요하게 생각했다.

　스토아주의는 근본적인 면에서 견유철학과 다르다. 견유학파의 사람들은 그들이 살고 있는 세상이 붕괴해가는 것을 막을 힘이 없다고 생각했기 때문에 세상을 등졌다. 그들은 정말로 '개'처럼 살았다. 그러나 스토아학파의 사람들은 이런 식의 포기는 불필요하다고 주장했다. 우리는 세상의 물질적인 것들을 포기할 필요가 없다. 즉 우리는 쾌락의 삶이나 물질적으로 성공하는 삶을 살 수도 있다. 다만 쾌락이나 물질적 성공 자체에 사로잡히지 않을 때에만 그러한 삶이 가능하다. 그러므로 우리는 그러한 것에 대해서 계속해서 무관심해야 한다. 그렇게 되면 우리가 물질적 소유를 잃어버린다 할지라도 그것 때문에 우리의 감정이 흔들리지 않을 것이다. 우리들이 이러한 것들에 의해서 영향을 받는 한에서 우리는 자유롭지 못한 것이다. 그러나 이런 식으로 우리가 영향을 받지 않는다면 물질적 소유들을 계속해서 즐기지 못할 이유는 없는 것이다.

스토아주의의 주된 영향은 선하고 나쁘게 되는 직접적인 책임이 사회보다는 개인에게 있다고 생각하는 것이다. 만일 개인이 세상의 일상적 선에 대해서 무관심할 수 있는 인격을 도야할 수 있다면 그는 덕 있는 사람이 되는 것이다. 그리고 어떠한 일이 일어나도 그것은 그의 본질적 인격을 바꿀 수가 없다.

4. 비 판

스토아주의의 윤리설에는 세 가지 주요한 어려움이 있다. 첫째, 자유와 운명예정의 개념과 관련해서 일어나는 논리적 어려움, 둘째, 무관심의 교설이 상식과는 모순되는 듯이 보이는 결과를 가져오게 되는 데서 생기는 어려움, 셋째, 스토아주의는 단지 예외적 상황에서만 설득력이 있으며 따라서 보편적인 윤리로서 받아들일 수 없다는 어려움이 있다. 이제 우리는 이것들 각각을 순서대로 알아보기로 하자.

가. 자유와 운명예정설

스토아학파의 주장에 의하면 일어나는 모든 사건들은 그것이 유성(流星)의 낙하든 오늘밤 저녁을 먹는 것에 관해서 생각을 하는 것이든, 모두 신의 계획에 따라서 일어나도록 예정되어 있다고 한다. 만일 우리가 이러한 교설을 받아들인다면 우리가 처한 상황을 조금이라도 바꾼다는 것은 전혀 불가능한 일이다. 만일 이러한 일들이 일어나도록 미리 예정된 것이라면 우리가 그것에 대해서 할 수 있는 일이라곤 아무것도 없다. 이것은 우리의 삶을 변화시키는 데 있어서 우리는 전혀 무력하다는 중대한 의미를 지닌다. 이 말은 다음과 같이 표현될 수 있다. 우리는 자유롭지 않으며 대신 신의 계획에 따라 우리의 운명에 얽매어 있다. 그러나 이러한 견해는 사람은 자신의 인격을 바꿀 수 있다는 스토학파의 견해와 일치하지 않는다.

이 견해에 의하면 따르면, 사람은 마음 상태를 바꾸는 것을 배움으로써 전에 마음을 사로잡았던 것에서 무관심해질 수 있다고 한다. 스토아학파가 이 입장을 견지하는 한, 사람들이 자유로이 자신들의 인격을 바꿀 수 있다는 것을 말하는 것이다. 사람들은 세상에서 일어나는 자연적 사건들 중 일부를 변화시킬 수 있다. 즉, 그들의 의지를 구성하는 일에 영향을 줄 수 있다. 그러므로 스토아학설의 근저에 이미 근본적인 불일치가 있다고 볼 수 있다. 즉, 인간은 자유롭기도 하고 동시에 자유롭지 않기도 하다는 것이다. 만일 우리가 후자(인간은 자유롭지 않다)를 받아들이면 사람들에게 자신의 성격을 바꾸라고 이야기하는 것은 아무 의미가 없다. 만일 사람들의 성격이 자연의 법에 의해서 확고하게 결정되어 있다면 어떻게 그것이 바뀔 수가 있겠는가? 그러나 다른 한편으로 만일 사람들이 자유롭게 자신의 성격을 바꿀 수 있다면 모든 사건들은 어떤 주재자(主宰者)에 의해서 미리 결정되어 있다는 명제는 거짓임에 틀림없다.

종종 '의지의 자유(Freedom of the Will)의 문제'라고 불리는 이 딜레마는 철학적 문제 중 가장 끈덕지게 내려온 골치 아픈 문제 중의 하나이다. 이 문제는 스토아철학에서만 나타난 문제가 아니라 현대 심리학, 그리고 종교철학에서도 또한 일어나는 문제이다. 예를 들어 현대 심리학자들은 때때로 우리의 환경과 지난 경험이 현재의 우리라는 사람을 만든다고 주장한다. 그러므로 만일 내가 누군가를 살인했다면 그것은 나의 과거의 삶에서 일어났던 사건들 때문에 내가 그런 일을 저질렀다는 것이다. 어떤 특정한 신체적 혹은 정신적 특성과 더불어 일련의 과거의 사건들은 내가 살인했던 그 사람을 살인하게 할 수밖에 없도록 만들었다는 것이다. 간단히 말해서 나의 현재의 행동은 완전히 내가 통제할 수 없는 요인들에 의해서 결정된다는 것이다. 그러므로 나는 자유롭지 못했던 것이다. 그런데 만일 내가 자유롭지 못했다면 어떻게 내가 법에 의해서 처벌받을 수 있는가? 왜냐하면 법은 내가 내 행동을 조절할 수 있다는 것을 미리 가정하고 있기 때문이다.

어떤 사람에게 운 나쁘게 떨어져서 그 사람을 죽게 한 운석을 처벌해봐야 아무 소용이 없다. 왜냐하면 우리는 운석이 자신의 행로를 통제할 능력을 가지고 있지 않다는 것을 알고 있기 때문이다. 그러나 우리는 어떤 범죄자들은 자신들의 행동을 통제할 능력을 분명히 가지고 있다고 확신한다. 그러므로 우리가 그들을 처벌하는 이유는 그들이 한 일에 대해서 그들 자신들의 책임이 있다고 생각하기 때문이다. 이렇게 볼 때 현대 심리학이 발견한 사실은 형사법의 존재 근거와 일치하지 않는 것처럼 보인다. 우리가 지적하고자 한 대로 이러한 어려움이 바로 스토아철학의 근저에서 놓여 있으며 스토아학파는 결코 이 문제를 해결할 수가 없었다.

현대의 철학적 기술을 통해서 우리는 이 당혹스러운 문제가 부분적으로는 '언어적' 문제라는 것을 알게 되었다. 즉 그것의 해결은 '자유', '강요', 그리고 '인과적 결정론'이라는 개념들을 명백히 밝히는 일과 관련이 있다는 것이다.

나. 무관심의 교설

스토아주의의 또 하나의 주요한 어려움은 무관심의 교설로부터 생기는 것이다. 상식적인 사람들은 모든 다른 '덕목들(Virtues)'을 제외하고 오로지 무관심의 덕목만을 도야하는 것은 올바른 일이 아니라고 믿는다. 만일 친구가 죽었을 경우에 무관심이 그런 사건에 반응할 수 있는 적절한 방식이라고 이야기하면 우리들 대부분은 이해할 수 없을 것이다. 더욱이 스토아주의에 충실하게 따르게 되면 정상적으로 볼 때 부도덕하다고 할 수 있는 행동에 대해서도 무관심하게 행하기만 하면 올바른 행동이 된다. 스토아학파의 이론을 철저히 지켜서 무관심한 마음을 가지고 행하면 살인도 올바른 것이 된다. 그러한 도덕적 견해는 분명히 우리의 보통의 윤리적 믿음과는 일치하지 않는다.

다. 예외적 상황의 윤리설

마지막으로 지적할 점은 스토아 윤리설은 우리가 매우 특수한 상황하에서 살고 있을 때만이 설득력이 있다는 것이다. 만일 어떤 사람이 전쟁 시에 적에 의해서 군사비밀 때문에 고문을 당할 수도 있다는 가능성을 미리 알고 있다면 고문을 견뎌낼 수 있는 태도를 훈련하는 것은 의미가 있는 일이다. 그와 같은 상황에서는 무관심의 철학이 도움이 될 수도 있다. 즉 그에게 가해지고 있는 고통에 대해서 무관심해짐으로써 그는 그 고통에 굴복하지 않을 수 있다. 혹은 사람들이 자신들의 삶에 실제로는 중요하지 않은 것들에 대해서 너무 고민하는 경우에도 그 이론은 적용이 될 수도 있다. 어떤 사람의 차가 사고로 긁혀서 페인트가 벗겨져서 엉망이 되었다고 하자. 그리고 이것 때문에 그가 지나친 정신적 고통을 받는다고 하자. 이 경우에 스토아 윤리설은 그가 마음의 평정을 갖게 하는 데 도움이 될 것이다. 스토아철학은 사람의 삶과 근본적인 관련이 없는 일 때문에 쉽게 흥분하는 것은 어리석은 일이라고 말한다.

일상의 삶에서 일어나는 우리의 마음을 산란케 하는 사소한 일에 어느 정도 무관심해지는 훈련을 함으로써 우리는 상당한 불행을 피할 수 있다. 그러나 이러한 상황이 아닌 경우에 대부분의 사람들은 무관심의 교설을 끊임없이 실행하게 되면 사람의 생을 즐겁게 하는 많은 것들 즉, 사랑, 우정, 성취 등등을 잃어버린다고 생각할 것이다. 이러한 이유 때문에 스토아학설은 사람들이 사는 외적 환경이 매우 진보되었을 때는 그 호소력을 잃는다. 세상만사가 다 잘 돌아갈 때 사람들 보고 그것에 무관심해지라고 하는 것은 별로 의미가 없는 말이 될 것이다. 그럴 때에 사람들은 그것을 즐겨야겠다고 느낄 것이다. 스토아철학은 그리스의 세계가 멸망한 시기에 생겨나서 그 당시의 가혹한 생활을 견디어내는 데 유용한 충고를 제공했다. 그러나

일단 사람들이 환경이라는 것은 변화될 수 있다는 것을 느끼게
되자, 스토아철학은 그들에게 더 나은 세상을 만들기 위한 적
극적인 프로그램을 제시할 수가 없게 되었고, 이러한 이유로
그것은 더 역동적인 도덕철학인 기독교로 대치되게 되었다. 기
독교는 스토아철학처럼 고난의 시대에 지침을 제공하는 위안의
철학이다. 그러나 스토아철학과는 달리 이러한 어려움을 극복
할 수 있는 건설적인 방책을 동시에 제안한다.

제 6 장
기독교 윤리

우리가 기독교사를 공부해보면 기독교 교리라는 이름하에 다양한 교리들이 포함되어 있다는 사실에 놀라지 않을 수 없다. 상당한 정도로 사실을 왜곡하지 않으면서 혹은 적어도 상당한 정도의 제한 조건을 붙이지 않고서 간단히 기독교 윤리라는 명칭을 갖다 붙일 수 있는 것이 거의 없다고 해도 과언이 아니다. 이러한 이유 때문에 기독교 교리들 사이의 많은 미묘한 차이점들을 일일이 알아본다는 것은 거의 불가능한 일일 것이다. 다양한 정통교리 자체만을 알아보는 것은 말할 것도 없고, 이단교설에 대해서 논하는 것만 해도 큰 책 한 권을 꽉 채우고도 남을 것이다. 그러나 그와 같은 여러 가지 교리가 있다는 것을 인정한다 할지라도 주제를 크게 벗어나지 않으면서 '기독교적(Christian)'이라고 이름을 갖다 붙일 수 있는 세 가지의 주요한 윤리사상을 끄집어내어서 설명하는 것은 가능할 것 같다.

1. 목회적 기독교 윤리

기독교의 윤리사상 중 첫 번째 타입을 '목회적(牧會的)인 기독교 윤리(Pastoral Christian Ethics)'라고 부르자. 이 명칭은 초기 기독교의 도덕적 견해, 즉 유태교와 페르시아의 신비적 종교들로부터 발전한 견해를 언급하는 것이다. 이 종교들은 열 개의 계명 즉, 모세의 십계명, 의식적(儀式的) 관습(예를 들면 세례), 그리고 **그리스도의 도덕적 가르침**을 강조한다. 이들에게는 그리스도는 삶의 안내를 위한 신의 영감(예를 들면 "사람은 누구든지 뿌린 대로 거둘 것이다")을 제공하는 신의 신성한 예언자로서 생각되었다. 이러한 견해는 난해한 철학적 사색과는 거의 관련이 없기 때문에 '목회적'이라고 부른다. 교부들의 후기 작품에 나오는 미묘한 논쟁거리들은 초기의 기독교에서는 거의 나타나지 않고 있다. 대신에 **도덕적으로 올바른 행동**을 강조하고 있다. 초기 기독교에 형이상학적인 요소가 나타났을 때에도 주로 초자연적 질서, 인격적인 하나님, 그리고 불멸성에 대한 믿음에 국한되어 있었다. 그러나 이 모든 경우에서도 믿음 자체에 관한 체계적 사색은 거의 없었고 후기의 발전된 교리와 비교해볼 때 무시해도 좋을 정도였다.

2. (가톨릭)교회의 기독교 윤리

두 번째 타입의 기독교 윤리는 우리가 위에서 살펴보았던 '목회적인' 관점보다 훨씬 더 분석적이다. 이것은 가톨릭교회가 종교적 제도로서 뿐 아니라 사회적이고 정치적인 제도로서 발전되고 나서야 나타난 윤리사상이다. 우리는 이 시대의 기독교 윤리를 '교회의 윤리(Church Ethics)'라고 부를 수 있다. 그러나 교회의 윤리조차도 긴 역사를 통해서 심오한 변화를 치렀다는 사실을 언급하지 않을 수 없다. 이러한 변화에는 다양한 요인이 있다. 예를 들면, 플라톤과 아리스토텔레스가 교부들에 끼친 영향으로 말미암아 목회적 기독교가 가지고 있던 '피안성'에 대한 개념을 전적으로 바꾸어놓아서 전에는 없었던 형이상학적 해석을 갖다 붙였다. 또 다른 예를 들면 영혼의 개념은 오리게네스(Origen, 182-251) 시대 때부터 성 토마스 아퀴나스 (St. Thomas Aquinas, 1225-1274) 시대까지 계속 변한다. 즉 오리게네스의 영혼은 모든 인간은 똑같은 영혼을 가지고 있는 것이고 성 토마스 아퀴나스는 모든 영혼은 각각 독특하고 유일한 것이라고 생각한다. 이것은 불멸성의 교리에 중대한 영향을 끼쳤다.

교회의 윤리학에 변화를 일으킨 다른 원인들은 다음과 같다. 첫째, 수도원과 수녀원과 같은 종교적 제도들이 생김으로써 교회는 공식적으로 금욕주의를 옹호하게 되었고 이러한 견해는 성(性)도덕에 관한 교리에 커다란 영향을 끼치게 되었다. 둘째, 정치적 그리고 사회적 삶의 한 요인으로서 교회가 성장함에 따라 교회와 국가 사이에 끊임없는 갈등이 생기고 이에 따라 교회의 윤리적 교리는 일반 사람들의 삶의 방향에 대해서 다양한 견해를 가지게 되었다. 셋째, 마르틴 루터(Martin Luther, 1483-1546)가 종교개혁을 통해서 가톨릭교회에서 떠나게 된 것은 결국 같은 성경에 대한 해석이 다른 것에 기인하는데 이런 성경 해석에 대한 어려움 때문에 공식적 교리에 어느 정도의 수정을 가하게 했다.

이러한 영향의 결과로 성 아우구스티누스(St. Augustin, 354-430)의 윤리적 견해는—그것은 4세기의 교회의 철학을 공식적으로 표명한 것으로 볼 수 있다—13세기에 성 토마스에 의해서 상당한 정도로 수정되었고 어떤 면에서는 거의 새로운 윤리적 견해를 만들어낼 정도로 급진적인 변화를 겪었다. 주요한 차이점의 예를 들면, 신플라톤주의(Neoplatonism)에 기초한 아우구스티누스의 도덕철학이 성 토마스에게서는 아리스토텔레스에게 기초한 도덕철학으로 바뀐 것이다.

3. 개신교의 윤리

마지막으로 기독교 윤리의 세 번째의 커다란 변화는 종교개혁과 개신교의 발전과 같이 일어났다. 개신교도들은 여러 가지 면에서(예를 들면 '성직자는 결혼을 할 수 있는가?' 하는 문제) 성 토마스를 대표로 하는 가톨릭의 윤리적 견해들을 거부했지만 심지어 개신교 자체에서도 일치하는 윤리적 체계가 있지 않았다. 아마도 개신교의 윤리적 교설은 거의 개신교의 교파만큼이나 다양하다고 말하는 것은 과장이 아닐 것이다.

4. 일반적 기독교 윤리의 특징

이와 같은 상당한 다양성에도 불구하고 이 모든 도덕적 교리들은 가령 유태교, 불교, 이슬람교와 같은 다른 종교들의 도덕률과는 구별되는 어떤 공통적인 특성이 있다. 널리 공통적으로 가지고 있는 이러한 특성이 있기 때문에 '기독교 윤리'를 하나의 독특한 교설로서 이야기해도 무방할 것이다. 그러나 이렇게 하는 가운데서 우리는 우리의 설명이 매우 일반적인 것일 것이고 따라서 기독교 내에 있는 여러 종류의 교설들을 서로 구별하는 데는 별로 도움이 되지 못할 것이라는 사실을 강조하고 싶다. 대신에 이러한 설명을 통해서 주로 모든 기독교가 고수하는 공통적 교리를 형성하는 기본적 특성들을 밝히는 기능을 할 것이다.

'기독교적'이라고 불릴 수 있는 모든 견해는 신의 존재를 가정하며 더 나아가 이 존재는 어떤 방식으로든 그리스도와 일치한다고 가정한다. 후자의 가정 때문에 기독교는 예를 들면 유태교와 날카롭게 구별이 된다. 기독교의 각 교파들은 신적 존재의 권세에 대한 해석이 다양하고 또한 신적 존재가 그리스도에 대해서 가지는 정확한 관계에 대한 해석에 있어서도 일치하지 않는다. 어떤 교파들에 있어서는 그 관계는 단순히 일치하는 관계이고, 다른 교파들에 있어서는 그렇지가 않다(예를 들면 동체론자(同體論者, Monophysites), 네스토리안(Nestorians), 그리고 정통 기독교인들 사이의 갈등). 그리스도의 성품의 해석에 관해서도 비슷한 차이를 볼 수 있다(즉 어느 정도로 그는 인간이고 어느 정도로 신인가?).

그러나 심지어 그리스도가 곧 하나님이라는 주장을 거부했던 초기의 기독교도들도 적어도 하나님께서 자신의 뜻을 그리스도를 통해서 알렸다는 것에는 동의했다. 따라서 올바른 삶에 대한 그리스도의 가르침은 모든 기독교의 도덕론에서 신의 뜻의 표현이라고 생각한다.

그리스도의 가르침은 십계명과 산상수훈과 같은 신약에 나타난 몇 개의 글들과 함께 기독교의 도덕법전을 형성한다고 볼 수 있다. 어느 기독교의 교리도 사람이 이 도덕법에 따라서 행동하게 되면 그가 올바로 행동하고 있다고 여기며, 만일 그 도덕법 중 어느 하나라도 어기게 되면, 예를 들어 "도둑질하지 말라"와 같은 조항을 어기게 되면, 그는 비도덕적으로 행동한다고 여긴다. 따라서 기독교 윤리는 한마디로 도덕적 행동을 위한 어떤 규칙들을 규정해온 신적 존재가 있다고 여기며, 이 규칙들을 어기는 것을 잘못된 행위라고 여긴다.

그러나 실제에 있어서는 구체적으로 어느 규칙이 기독교 윤리의 행위를 형성하는가에 관해서는 기독교 교파 간에 일치하지 않는다. 예를 들어 가톨릭교회는 출산에 대한 인위적 통제는 비도덕적이라고 선언하나, 대부분의 개신교의 교파들에 의해서는 그렇게 여겨지지 않는다. 왜 모든 기독교가 이론적으로는 근본적인 도덕법에서는 의견을 같이하면서도 실제에 있어서는 다른가에 관한 이유를 이해하기 위해서 우리는 '윤리적 이론'이라고 부르는 것과 **결의론**(決疑論, Casuistry)을 구별해야 한다.

결의론이라는 것은 사회적 관습이나 교회, 성서의 율법에 비추어서 도덕적인 문제를 해결하려는 윤리학 이론이다. 중세 스콜라철학에서 이 같은 연구가 행해졌다. 대충 말해서 결의론은 응용윤리라고 할 수 있다. 일단 우리가 일반적으로 무엇이 선이고 무엇이 악인지를 결정하고 나면(바로 이것이 윤리적 이론의 기능이다. 예를 들면 쾌락주의자들이 쾌락을 유일한 선이라고 단정하는 것), 이어서 우리는 선을 이루는 데 도움이 되는 것들과 반대로 악을 조장하는 것들의 목록을 만들 수 있다. 결의론이란 바로 이와 같은 목록들을 만들어나가는 것을 말한다. 그러므로 실제적인 행동에 관한 다양한 기독교의 도덕법칙들이 서로 다른 것은 근본적 윤리이론의 차이라기보다는 결의론적 차이라고 볼 수 있다. 그들은 모두 하나님께서 사람이 반드시 지켜야 할 도덕법의 체계를 명령했다는 것에 의견을 같이한다. 그러나 어떤 규칙이 그 체계에 속하느냐 하는 문제에는 동의하지 않는다. 그러므로 이 불일치는 **결의론의 불일치**이지 근본 **윤리이론의 불일치는 아니다.** 물론 다양한 형태의 기독교 사이의 불일치가 모두 다 결의론의 불일치는 아니다. 아주 종종 그들은 어떤 규칙은 같은 윤리체계에 속한다고 동의한다. 그러나 여전히 그 규칙에 대한 해석은 구구하다. 이런 어려움은 과거에 어떤 교설이 만들어질 때는 생각하지도 않았던 새로운 문제들(가령 산아제한의 문제)이 생겨났을 때 여전히 옛 교설을 새로운 문제들에다가 적용시키려고 할 때 종종 일어난다.

물론 우리는 여기에서 다양한 기독교들 간의 결의론적 차이점들을 일일이 열거할 수 없다. 그러나 윤리이론과 대조되는 것으로서의 결의론의 성격을 밝히기 위해서 성 토마스의 성도덕에 관한 몇 가지 선언을 조사해보자. 이 선언문들은 아직도 여전히 성도덕의 문제들에 관한 가톨릭교회의 정통적 견해를 형성하고 있다. 성 토마스에 의하면 사람들이 행동하지 말아야 할 어떤 구체적인 방식들이 있다. 기독교의 도덕법전은 간음을 승인하지 않는다. 그런데 그것은 또한 남편과 부부 사이에 자식의 생산 목적 외에 성적 관계를 가지는 것도 금한다. 그래서 인위적 산아제한이 금지되는 것이다. 그리고 이혼은 자식의 교육에 있어서 아버지의 근본적 역할 때문에 허용되지 않는다.

이러한 구체적인 금지 명령으로부터 더 이론적인 문제로 돌아가면 기독교의 여러 교파의 차이에도 불구하고 선한 삶은 하나님을 사랑하는 데 있고, 이러한 선한 삶은 하나님의 교훈을 따라서 행동함으로써 (예를 들면 성직자에 의하여 해석된 하나님께서 명령한 규칙에 따라 행동함으로써) 이루어지는 것이다.

그런데 우리는 기독교 윤리에 관해서 말할 때, 이론윤리에서 아마도 가장 중요한 요소 즉, 권위주의(Authoritarianism)를 강조하지 않을 수 없다. 교회는 기독교의 도덕법을 우리의 행동을 판단하고 고칠 수 있는 객관적이고도 무오(無汚)한(Infallible) 안내지침으로 여기며, 따라서 그것은 의심의 여지가 없는 것으로 간주된다. 이것은 이 도덕법이 하나님의 의지의 표현으로서 여겨지기 때문이다. 누구도 이 도덕법의 가르침을 벗어나는 사람은 정의(定義)상으로는 비도덕적으로 행동하는 것이다.

실제로 여러 기독교 교파들 사이에는 사람이 어떻게 하나님의 뜻을 발견하느냐에 관해서는 의견이 일치하지 않는다. 근본주의적 교파들은 성경에 씌어진 그대로의 말씀 즉 하나님의 뜻을 계시한 문자 그대로의 말씀을 강조한다. 가톨릭교회는 교회가 하나님의 대리인이고 따라서 그의 의지는 교회의 칙령을 통해서 나타난다고 주장한다. 이러한 교리를 받아들이지 않는 개신교도들은 사람과 하나님의 관계는 어떠한 중개자도 필요하지 않은 개인적인 것이라고 주장하며, 따라서 하나님께서 무엇을 바라시는지 알고자 할 때는, 자신의 양심이 결정해야 한다. '양심 이론'의 이론적 설명은 버틀러 주교의 글에서 가장 분명하게 나타나 있다.

5. 비 판

기독교 윤리의 성공 여부는 그것이 거의 2천 년의 엄청난 사회적, 정치적 변화에도 불구하고 지속되었다는 사실과 전세계 여러 곳에서 받아들여져 왔다는 사실을 보아도 알 수 있다. 후자의 관점에서 볼 때, 즉 여러 곳에서 받아들여졌다는 관점에서 볼 때, 기독교는 어려운 시대를 견뎌내고 살아남을 수 있었던 능력의 면에서는 비슷한 입장이라고 볼 수 있는 유태교와는 비교할 수 없을 정도로 성공했다고 볼 수 있다. 그러나 많은 철학자들은 이제 살펴볼 몇 가지 이유 때문에 이러한 평가에 심각한 유보조건을 붙인다.

가. 신이 선하다는 것을 증명할 수 없다

기독교 윤리의 주요한 어려움은 그 도덕률이 하나님의 뜻을 표현한 것이라는 가정으로부터 생긴다. 그러므로 이 도덕률을 위반하는 것은 이미 받아들여진 권위에 대한 불순종과 마찬가지이다. 이런 점에서 부도덕은 불순종에 해당하는 것이다. 일부 철학자들은 이러한 주장은 하나님이 선하다는 것이 증명될 수 있을 때만이 받아들일 수 있는 도덕적 입장이라는 것을 지적해 왔다. 만일 신적 존재가 악하다면 그의 명령에도 순종해야 하는가? 만일 권위를 가진 자가 적의가 가득 찬 자라면 그에게 불순종한다고 해서 불순종 그 자체가 나쁘다고 말할 수 있는 것인가? 이 점에서 기독교 윤리는 딜레마에 봉착한다. 기독교 윤리는 하나님이 선하다고 가정할 것이 아니라 그것을 증명해야 하든지, 하나님의 계율을 신학적 근거에서라기보다는 순전히 윤리적 근거에서 정당화해야 한다. 그러나 이 두 과업은 중대한 어려움에 봉착하게 된다. 예를 들면 역병, 잔인함, 요절과 같은 악이 존재한다는 것은 신이 무제한적으로 선하다는 주장에 대해서 강력한 이의를 제기하는 주장이 된다. 그렇다고 다른 대안으로 기독교 윤리를 비신학적인 근거에서 정당화하려고 하면, 기독교 윤리 자체가 신학적으로 명백히 주장하는 내용을 희생시켜버리는 것이 된다.

나. 윤리는 비신학적으로 증명되어야 한다

그러나 많은 사람들은 기독교 윤리학을 비신학적으로 증명할 필요가 있다는 것을 강조한다. 아리스토텔레스는 사람의 행동은 자유로운 선택과 상황을 충분히 알고서 이루어졌을 때만 윤리적이 될 수 있다고 주장할 뿐 아니라, 그 행위에 대한 이해의 중요성을 강조했다. 많은 사람들은 이것이 어떠한 도덕적 행위에서도 선결조건이라고 느낀다. 도덕의 성격에 관한 이러한 견해는 순종에서 이루어진 행위는 심지어는 하나님의 의지에 대한 순종도 참다운 윤리적 행위라고 보지 않는다. 우리는 도덕적으로 행동하기 위해서는 우리가 하는 일이 단지 하나님이 우리를 보고 그렇게 해야만 한다고 해서가 아니라, **그렇게 하는 것이 옳기 때문에** 해야 한다. 그러므로 기독교 윤리학을 비신학적으로 정당화할 필요가 있다.

만일 하나님이 존재하지 않는다면, 기독교의 도덕률을 하나님의 뜻이라고 말하는 것은 불가능해진다. 무신론적 혹은 불가지론적 철학자들은, 가령 영국의 공리주의자들과 같은 철학자들은 이러한 식의 정당화를 받아들일 수 없다. 그들은 많은 기독교의 도덕법에 동의를 하나(예를 들어 "도둑질하지 말라"), 그것들은 궁극적으로는 비종교적인 근거에서 정당화되어야 한다고 느낀다.

다. 성경의 해석권을 누가 갖느냐?

세 번째의 어려움은 기독교 자체 내에서도 일어나는 어려움인데 우리가 어떤 것을 하나님이 명령하는 것이라고 받아들이느냐 하는 어려움이다. 만일 성서에 나오는 내용이 하나님의 뜻이라고 받아들이면 하나님의 뜻은 자기모순이 되어버리는 것이 많이 있다. 이러한 자기모순을 피하기 위해서 성서에 대한 어느 정도의 해석이 요구된다. 그리고 이것은 성서의 가르침이 현재의 문제와 어떻게 관련이 있는가를 보여주기 위해서도 필요한 일이다. 그러나 그 경우에 어떤 권위로 해석을 할 수 있느냐 하는 문제에 먼저 답을 해야 한다. 만일 우리가 교회가 하나님의 뜻을 안다는 가톨릭의 입장을 받아들인다면 교회가 권위를 가질 수 있는 근거가 무엇이냐는 반박에 또다시 대답해야 하는 어려움에 빠질 것이다. 만일 우리가 종국적으로는 양심의 권위에 맡겨야 한다고 주장하게 되면, 사람들의 양심이 다르다는 것을 생각할 때, 우리가 다른 직관을 가지고 있는 만큼이나 많은 권위가 있을 것이다. 누구의 양심이 정말로 하나님의 뜻을 표현할 것인가를 누가 결정해야만 하는가?

이러한 비판에 당혹감을 느낀 일부 철학자들은 윤리적 문제

를 기독교의 어떤 공식적인 교리와도 상관없이 생각해볼 필요
가 있다고 느꼈다. 이것은 결국 기독교와 양립할 수 없는 윤리
체계를 낳는 계기가 되었다. 이제 우리는 그러한 윤리이론 중
하나인 스피노자(Baruch Spinoza)의 철학을 살펴보자. 그의 윤
리사상은 전통적인 서양 윤리사상과는 매우 다르면서도 독특한
입장을 취하고 있다. 그의 사상에서 우리는 불교사상과 상통하
는 면이 있음을 볼 수 있다.

제 7 장
스피노자 윤리학

1. 서론: 이단자 스피노자의 삶과 최고선

철학자로서의 스피노자(Baruch Spinoza, 1632-1677)에 대해서는 1677년 그가 죽은 이래 상당히 다양한 평가가 있어왔다. 어떤 비평가들은 서슴없이 그에게 모든 윤리학자들 가운데서 가장 위대한 학자라는 이름을 갖다 붙이기도 하는가 하면, 스피노자의 대부분의 윤리적 견해가 들어 있는 난해한 그의 논문집인 『윤리학(*Ethics*)』을 읽은 사람들은 내용이 매우 혼란스럽다고 한다. 그들의 주장에 의하면, 이 책은 두 가지 면에서 혼란스럽다고 한다. 첫째로, 이 책은 윤리적 결론을 도출하기 위해서 유클리드의 기하학적 방법을 쓰고 있는데, 이러한 방법은 도덕적 문제를 다루는 데는 적절치 못한 방법이라는 주장이다. 두 번째로, 그의 윤리학은 체계가 너무 엉성하다는 것이다. 결정적으로 중요한 용어들의 개념들이 종종 분명치 못하고, 그가 내세우는 정리(定理)들 중 어떤 것들은 철저하지 못하다는 것이다. 그러나 이러한 두 견해에 대해서 대다수의 철학자들은 너무 부정적으로 치우친 견해라고 생각하고 있다. 일반적으로 합의된 견해에 의하면, 스피노자의 윤리학의 방법론에 결점이 있다는 것을 인정한다 치더라도, 그는 여전히 윤리학사에서 가장 뛰어난 사람들 중의 한 사람으로 간주해야 한다는 것이다. 스피노자를 이렇게 평하는 사람들은 그를 그리스 시대 이후 유럽의 역사에서 나타난 두세 명의 위대한 윤리학자 중의 한 사람으로 생각하는 것이 결코 과대평가가 아니라고 말한다.

스피노자는 1632년 11월 24일, 네덜란드 암스테르담에서 태어났다. 그의 가족들은 스페인과 포르투갈에서의 종교재판을 피해서 이곳으로 망명한 후 정착했다. 스피노자는 스페인과 포르투갈의 회당에서 운영하는 학교에서 공부를 했다. 이 학교에서는 스페인에서 가르치는 일반 과목뿐 아니라, 유태교의 종교 과목을 가르쳤다. 스피노자는 아브라함 이븐 에스라(Abraham Ibn Ezra, 1092 혹은 1093-1167)와 모세 마이모니데스(Moses Maimonides, 1135-1204)와 같은 몇몇 유태교 사상가들의 글을 읽었다. 그는 또한 일부 초기 성서 비평가들의 사상과 당대의 일부 새로운 과학적 사상들도 충분히 배운 것 같다. 그러나 그는 유태인 공동체의 종교적 가르침에 반역을 했고, 그래서 24세가 되던 1656년 여름, 유태교로부터 파문을 당한다.

파문을 선고한 문서에는 다음과 같이 씌어 있다.

이로 인해 유태교 종교재판위원회는 다음과 같이 공표한다:

바룩 에스피노자(Baruch de Espinoza)의 사악한 견해와 행동거지는 이미 충분히 확인된 바 있지만, 그들(재판위원들)은 그가 빠진 잘못된 길에서 그를 돌이켜보려고 갖가지 방법으로 그리고 여러 가지를 약속하면서까지 온갖 노력을 다했다. 그러나 그의 생각을 올바로 잡을 수 없었고, 오히려 우리의 노력은 그가 마음에 품고 있는 끔찍한 이단 사상을 자인하는 것을 날마다 확인하는 꼴밖에 되지 않았으며, 이러한 이단 사상이 무례하게 선전되고, 외국으로 퍼져나갈 것이 염려되기 때문에, 그리고 덕망 있는 많은 사람들이 에스피노자 앞에서 이러한 사실에 대해서 증언을 섰기 때문에, 그에 관해서 고소된 내용 그대로 죄가 있다고 판결을 받았다. 그리고 이제 마지막으로 종교재판소 소장들 앞에서 전 과정이 다시 한번 확인되었기 때문에 종교재판위원들은 에스피노자에게 파문을 선포할 것을, 그리고 그를 이스라엘 사람으로부터 제외시킬 것을, 또한 지금 이 시간으로부터, 다음과 같은 저주와 함께 그를 파문하기로 확정 판결을 내린다. … 일주일이란 시간을 주재(主宰)하는 일곱 천사들의 입으로부터, 그리고 이 일곱 천사를 따르며 이들의 깃발 아래서 싸우는 천사들의 입으로부터 나오는 모든 저주가 그에게 있을지어다. 사계절을 주재하는 천사들과 이들을 따르며 이들의 깃발 아래서 싸우는 모든 천사들의 입에서 나오는 저주를 받을지어다. … 하나님이시여 그의 죄를 결코 용서하지 마옵소서. 주님의 분노가 그를 에워싸고 그의 머리에서 영원히 떠나지 마소서. 율법에 담긴 모든 저주가 그에게 내리소서. … 그리고 여러분들에게 경고하건대, 누구도 입으로나 글로서나, 그와 이야기하지 말 것이며, 그에게 어떠한 호의도 베풀지 말며, 그와 한 지붕에 있지도 말며, 그의 근처에도 가지 말며, 그가 쓴 어떤 글도 읽지 마십시오.

유태사회에서 파문당한 스피노자는 처음에는 교파에 소속되지 않은 콜레기언(Colegeants)이라는 기독교 단체의 몇 사람들과 같이 산다. 그리고 그는 얼마 되지 않는 생애를 부와 사치로부터 멀리 떨어져서 조용히 보낸다. 그는 생계유지를 위해서 렌즈 가는 일을 하며(아마도 그는 유리 먼지로 말미암아 폐병에 걸려서 죽은 것으로 생각된다), 남은 시간에 그의 철학 작품을 썼다. 개인적 삶의 차원에서 볼 때, 그는 모든 위대한 철학자 중에서 가장 성인에 가까운 사람이었다고 볼 수 있다. 그는 고요히 그리고 두려움이 없이 임종을 맞았다. 그는 일생동안 악랄한 공격을 받았음에도 좀처럼 화를 낸 적이 없었고, 이성을 잃어본 적이 없었다. 그러나 네덜란드 공화국의 지도자 장 드 비트(Jan de Witt, 1625-1672)가 살해당했을 때 스피노자는 매우 분노했으며, 그 살해 행위를 칭찬하는 대중들을 비난했다고 한다.

스피노자의 철학이 후대 사상가들에게 매력을 주었던 점이 어떤 것인가를 알아보기 위해서 우리는 스피노자의 미완성 논문인 『지성 개선론(On the Improvement of the Understanding)』 서문을 자세히 인용해보겠다. 이것은 현존하는 철학적인 글 중에서 가장 뛰어난 글 중의 하나이다. 그가 이 글에서 선한 삶이 무엇인지를 발견하려고 애쓰면서 보여준 비독단적 자세와 정직한 노력은 독자들에게 엄청난 마음의 감동을 준다. 스피노자는 다음과 같이 쓰고 있다.

나는 생의 경험을 통해서 사회생활에서 부딪치는 많은 것들이 헛되고 무익한 것이라는 것을 깨달았다. 내가 두려워하는 것들은 내 마음이 그것에 의해 영향을 받고 있을 때를 빼놓고는 그 어느 것도 그 자체가 좋거나 나쁜 어떤 것을 담고 있지 않다는 사실을 깨닫고서, 마침내 다른 것이 아니라 오로지 우리의 마음에만 영향을 주며 자신을 전달하는 능력을 가진 어떤 선이라는 것이 진짜로 있는지 알아보기로 결심했다. 즉 그것을 발견하거나 획득하게 되면 내가 최고도의 그리고 끊이지 않는 지속적 행복을 즐길 수 있는 어떤 것이 있는지를 알아보기로 결심했다. 내가 구태여 "마침내 결심했다(I finally resolved)"는 말을 쓴 이유는 다음과 같다. 불확실한 무엇을 찾기 위해서 현재의 확실한 것을 기꺼이 버려야 하는 것은 어리석게 보였기 때문이다. 나는 명성과 부를 통해서 얻어질 수 있는 이익이 무엇인지 안다. 그리고 만일 내가 무엇인가 새로운 다른 것을 진지하게 추구하고자 한다면 나는 명성과 부와 같은 목적을 추구하는 것을 포기해야만 한다는 사실도 알고 있다. 설령 진정한 행복이 우연히 명성과 부와 같은 것에 있다 할지라도 결국에는 진정한 행복은 놓치게 될 것이라는 사실을 알고 있다. 그리고 만일 진정한 행복이 그곳에 있지도 않은데 내가 그곳에다가 내 온 정신을 집중한다면, 역시 실패하고 말 것이라는 것도 알고 있다.

그러므로 나는 내 생의 행동과 일상적 계획을 바꾸지 않고서도 새로운 원리, 혹은 도대체 그 원리의 존재 여부에 대한 확실성에 도달할 수 있을지에 관해서 토론했다. 이런 목적을 가지고 나는 많은 노력을 했지만 결국 헛되었다. 사람들이 우리 주변의 삶에서 최고선이라고 생각하는 것들은 (그들의 행동에서도 그것이 입증되듯이) 부, 명성, 감각의 쾌락이라는 세 개의 주요한 것으로 분류될 수 있다. 사람들의 정신은 이 세 개에 흠뻑 빠져 있기 때문에 어떤 다른 선도 생각해볼 힘도 가지고 있지 않다. 사람들의 정신은 마치 최고선을 실제로 얻은 양, 감각적 쾌락에 꼼짝 못할 정도로 사로잡혀 있기 때문에 어떤 다른 목적에 대해서 도저히 생각해볼 수가 없게 되었다. 그런데 사람들이 그런 쾌락에 만족하게 될 때, 극단적인 우울증이 따라오게 되며 그것으로 인해 사람의 정신은 완전히 얼이 나갈 정도는 아니더라도 혼란해지며 둔해지게 마련이다.

명예와 부의 추구도 마찬가지로 매우 매혹적인 것인데, 특히 그것들이 최고의 선을 구성하는 것이라고 생각해서 그것들을 단순히 그 자체를 위해서 추구할 경우에 그렇다. 명성의 경우에 있어서 사람들의 정신은 훨씬 더 매료당한다. 왜냐하면 명성이란 항상 그 자체로서 선한 것이고 모든 행동이 추구해야 할 궁극적인 목적으로 생각되기 때문이다. 더욱이 부와 명성의 성취는 감각적 쾌락과는 달리 후회라는 것이 따라오지 않으며 오히려 우리가 많이 획득하면 할수록 그만큼 더 우리의 즐거움이 더하며, 그 결과 우리는 그만큼 이 둘을 더 늘리려고 고무되지 않을 수 없게 된다. 그러나 반면에 이것을 얻고자 하는 우리의 희망이 좌절당하게 되면 우리는 가장 깊은 슬픔에 빠지게 된다. 명예란 더 큰 결점을 지니고 있는데, 그것은 그것을 추구하는 사람들로 하여금 그들의 삶을 그들의 동료의 견해에 따라서 살도록 강요하기 때문이다. 즉, 자기 주변사람들이 싫어하는 것을 싫어해야 하고, 그들이 추구하는 것을 따라서 추구하지 않을 수 없기 때문이다.

이 욕망의 일상적인 대상들이 무엇인가 새롭고도 다른 것을 추구하려는 길로 나아가는 데 방해가 된다는 것을 알았을 때, 아니 방해 정도가 아니라 새로운 뭔가 다른 것을 추구하는 길과는 정반대가 된다는 것을 알았을 때, 나는 무엇이 내게 가장 중요한 것이 될 것인가를 묻지 않을 수 없었다. 왜냐하면 이미 말한 대로 무엇인가 불확실한 것을 위해서 지금의 확실한 선을 기꺼이 버려야 할 것 같기 때문이었다. 그러나 그 문제를 깊이 숙고한 후에, 나는 다음과 같은 결론에 도달했다. 일상적으로 추구하는 대상을 버리고 새로운 것을 추구하는 데 정신을 집중하기로 했다. 나는 그 본질에 있어서 전혀 불확실하지 않은 선(善)을 위해서(왜냐하면 나는 이미 주어진 선(Fixed Good)을 추구하기 때문이다), 그렇지만 그것의 획득은 가능성으로만 남아 있는 선을 위해서, 여태까지 사람들이 말해온 선 즉, 그 본성상 불확실한 선은 버리기로 했다.

그리고 더 깊이 숙고한 후에 나는 다음과 같은 사실을 확신하게 되었다. 만일 내가 진정으로 그 문제의 근본까지 이를 수 있으려면, 선(善)을 위해서 악들을 반드시 버려야만 한다. 그래서 나는 대단히 위험한 처지에 놓이게 되었다는 것을 느끼게 되었다. 나는 마치 치명적인 질병과 싸우는 환자가 어떤 치료약이 발견되지 않으면 분명히 죽게 되어 있다는 것을 알았을 때, 거기에 그의 전 희망이 달려 있기 때문에, 그와 같은 약을 필사적으로 찾지 않을 수 없는 환자처럼 그것을 찾을 가능성이 아무리 희박하더라도 그 치료책을 찾기 위해서 나의 모든 힘을 다하지 않을 수 없었다. 대중이 추구하는 모든 대상들은 우리의 존재를 보존하는 치료책을 가져다주지 못할 뿐 아니라, 심지어는 방해물이 되어서 그것들을 소유한 사람들에게 죽음을 가져다주는 경우가 적지 않으며 그것들에게 완전히 지배당한 사람들에게는 언제나 죽음을 가져다준다. 자신들의 부를 위해서 심지어는 사형에까지 이르는 박해를 당하는 사람들이 많이 있으며, 부를 추구하다가 자신들의 어리석음에 대한 대가로 자신들의 생명을 내어주어야 하는 위험에 처하는 사람들도 많다. 이러한 사람들의 수에 못지않게 많은 사람들이 명성을 획득하거나 얻은 명성을 유지하기 위해서 극도의 비참함을 겪는다. 물론 감각적 쾌락에 깊이 중독되어서 죽음을 재촉한 사람들의 경우는 이루 말할 수가 없다. 이 모든 악은 행복 혹은 불행이 전적으로 우리가 애호하는 대상의 질에 달려 있다는 사실로부터 기인한다고 볼 수 있다. 어떤 것에 대한 애호가 일어나지 않는다면 그것 때문에 일어날 싸움은 없는 것이다. 그것이 없어진다고 해서 누구도 슬퍼하지 않을 것이다. 다른 사람이 그것을 가졌다고 해서 시기하지도 않을 것이다. 그것 때문에 어떤 공포도, 어떤 증오도, 한마디로 어떤 마음의 동요도 일어나지 않을 것이다. 이 모든 것들은 이미 언급한 것들과 같이 소멸될 것에 대한 애착심에서 일어나는 것이다. 그러나 영원하고 무한한 것에 대한 사랑은 우리 정신에다가 전적으로 기쁨만을 가져다주고, 그 자체는 어떠한 슬픔과도 합하지 않는다. 그러므로 그것은 우리의 모든 힘을 다해서 바라고 추구해야 할 것이다. 그러나 내가 "만일 문제의 뿌리까지 갈 수 있다면"이란 말을 한 것은 그저 한 말이 아니다. 왜냐하면 내가 주장한 것이 내 마음에는 명백했지만, 부, 감각적 쾌락, 명성에 대한 모든 애착심을 즉시 버릴 수는 없었기 때문이다. 그러나 한 가지 사실은 명백했는데, 그것은 나의 정신이 영원하고 무한한 것에 열중하는 동안은 욕망의 대상으로부터 벗어나게 되고 새로운 원리를 찾는 방법을 심각하게 숙고하게 되었다. 나의 마음이 이러한 상태에 있을 때 나는 큰 위로를 느꼈다. 왜냐하면 어떤 악도 고치지 못할 정도로 어려운 것은 아니라는 것을 느꼈기 때문이다. 처음에는 이러한 마음의 상태가 드물게 찾아오고, 그것도 아주 짧았지만, 나중에는 진정한 선이 점점 더 내게 분명해짐에 따라 이런 마음의 평안을 더 자주 그리고 더 길게 가질 수 있게 되었다. 특히 내가 부, 감각적 쾌락, 혹은 명예의 획득이 수단으로서가 아니라 목적으로서 추구하는 한 그것들은 단지 방해물이 된다는 사실을 깨닫고 나서는 더욱 그러했다. 즉 그것들이 수단으로서 추구된다면 그것들은 통제할 수 있는 것이고, 내가 때가 되면 증명할 것이지만, 방해가 되기는커녕 그것들이 추구하는 목적에 적지 않은 도움이 될 것이다.

나는 여기서 내가 의미하는 진정한 선에 대해서 또한 최고선의 성질에 대해서 간략하게만 언급할 것이다. 이것을 제대로 이해하기 위해서는 우리는 선과 악이라는 용어는 단지 상대적으로만 적용되며, 따라서 완전 혹은 불완전이라는 용어가 쓰이는 것과 똑같은 방식으로 관점에 따라서 좋음과 나쁨(Good and Bad)도 마찬가지로 상대적이라는 사실을 명심해야 하다. 그 자체의 성질의 관점에서 볼 때 완전하다거나 불완전하다거나 할 것은 아무것도 없다. 특히 발생하는 모든 것들은 자연의 영원한 질서와 확정되어 있는 법에 따라서 그렇게 발생하게 된다는 사실을 깨달을 때 더욱 그렇다. 그러나 연약한 인간은 자신의 생각으로 영원한 질서에 도달할 수 없다. 반면에 인간은 자신의 인격이란 것이 생각보다 훨씬 더 안정적이라고 생각하며, 그와 같은 인격을 스스로가 얻지 못할 이유가 없다고 생각한다. 그래서 인간은 자신을 이러한 완전의 정점으로 인도할 수 있는 수단을 찾으려고 하며 그와 같은 수단으로서 쓰일 수 있는 모든 것을 진정한 선이라고 부른다. 최고선이란 가능하다면 다른 사람들과 함께 이런 인격을 소유하는 것이다. 그 인격이란 것은 앞으로 살펴보게 될 것이지만, 인간의 정신과 전(全) 자연 사이에 존재하는 합일(Union)에 대한 지식을 말하는 것이다. 이것이 바로 내가 얻고자 하는 목적이다. 즉, 그와 같은 인격을 내 스스로 얻는 것이고, 그것을 얻기 위해서 나와 함께 많은 사람들이 같이 그것에 도달해야 한다.

스피노자의 도덕철학의 핵심은 위의 인용문에 매우 집약적으로 포함되어 있다. 이제 그것을 풀어서 설명함으로써 더 분명한 이해를 돕겠다.

2. 결정론적 윤리학

우선 스피노자는 엄격한 결정론자이다. 그가 말한 대로 "발생하는 모든 것은 영원한 질서와 필연적인 자연의 법칙에 따라서 발생하는 것이다." 이와 같은 견해는 **스피노자가 스토아학파와 데카르트의 형이상학적 전통에** 서 있음을 말해준다. 어느 누구도 제멋대로 혹은 우연에 의해서 행동할 수가 없다. 즉 모든 행동은 지나간 경험, 육체적인 그리고 정신적인 구조, 그리고 행동 당시의 자연법에 의해서 결정된다.

3. 상대주의 윤리학

두 번째로 스피노자는 상대주의자이다. 그는 이 세상의 어느 것도 그 자체로 좋거나 나쁜 것은 없고 단지 그것이 사람과 관계를 맺을 때에 좋거나 나쁜 것이 된다고 주장한다. 그러므로 피마자유(Castor Oil, 약품, 향료의 원료)는 본래 좋은 것이라고 말하는 것은 아무 의미가 없다. 그것이 좋고 나쁜 것은 특정한 상황에서 특정한 사람에게 관련지어서만 그렇다. 만일 어떤 병든 사람에게 피마자유를 써서 그가 병으로부터 회복되었다면, 그 때 그 상황에서 그것은 그 사람에게 좋은 것이라고 말할 수 있다. 그러나 어떤 다른 사람이 맹장염에 피마자유를 먹고 죽었다면, 그 상황에서 그것은 좋은 것이 아니다. 나아가서 똑같은 것이라도 같은 사람에게 경우가 다를 때에는 달리 영향을 줄 수 있기 때문에, 그러한 것의 좋고 나쁨은 사물이 지닌 밀도(密度)와 같이, 그것 자체가 본래부터 가지고 있는 성질이라고 여길 수 없고 단지 그것이 사람과 갖게 되는 관계에 따라서 생기는 성질일 뿐이다.

스피노자의 좋음과 나쁨에 대한 이러한 견해는 매우 중요하다. 왜냐하면 이러한 견해 때문에 그는 부, 명예, 감각적 쾌락은 본질적으로 가치가 있는 것이 아니라는 입장을 취하기 때문이다. 그러므로 이러한 것들은 그것 자체를 위해서 얻을 만한 가치가 있는 것이 아니라, 단지 인간의 삶을 더 행복하게 하기 위한 수단으로서의 가치가 있을 뿐이다. 이러한 것들이 사람들에게 바람직한 방식으로 영향을 주면 좋은 것이 되고 반면에 나쁜 방향으로 영향을 주면 나쁜 것이 된다. 스피노자가 이야기한 대로, "부를 위해서 고통을 겪다가 심지어는 죽은 사람도 많으며, 부를 쫓는 어리석음에 대한 대가로 많은 위험에 처하기도 하며 생명을 잃는 경우도 허다하게 많다."

4. 깨달음/수용/해방의 윤리학

그러므로 모든 사건들이 자연의 법칙에 의해서 결정되며, 따라서 사람들은 자유롭지 못하고, 또한 모든 사상(事象)이 본래부터 좋거나 나쁘거나 한 것이 아니라는 두 사실을 받아들일 경우, 우리는 좋은(훌륭한, 선한) 삶을 어디서 찾을 것인가? 스피노자에 따르면, 그와 같은 삶은 세계에 대해서 우리가 어떤 특정한 태도를 취하느냐에 달려 있다고 한다. 이 태도는 부분적으로는 감성적인 것인 것이고, 부분적으로는 이성적인 것이다. 이 태도의 이성적인 부분은 모든 사건은 이미 결정되어 있다는 진리를 인정하는 데 있으며, 감성적인 부분은 이러한 사실을 수용하는 데 있다. 그가 말한 대로 그 태도란 "우리의 마음과 전 자연 사이의 합일에 대한 지식이다."

달리 표현하자면, 인간은 인간의 능력에 한계가 있다는 것을 이해할 때 행복해질 수 있다. 그리고 세상에서 일어나는 모든 일들은 그렇게 될 수밖에 없다는 필연성을 이해함으로써 쓸데없이 이 필연성을 거역하는 데 쓰이는 정력 낭비를 더 이상 하지 않게 될 것이다. 가령 친구가 죽었을 때 감정을 폭발해봤자 소용없는 짓이다. 왜냐하면 그것은 자연의 한 현상일 뿐이기 때문이다. 모든 사건을 더 큰 체계의 한 부분으로 봄으로써(스피노자의 말에 의하면 '영원의 관점에서(in the Context of Eternity)' 봄으로써), 우리는 인생에서 벌어지는 사건에 의해서 더 이상 분노하거나 두려워하지 않을 것이다. 이렇게 할 때 우리는 행복한 삶을 살 수 있는 것이다.

그러므로 스피노자의 철학은 만일 그대로 따르기만 하면 사람들이 두려움, 걱정, 그리고 불행을 피할 수 있는 안내지침을 제공하는 것이라고 볼 수 있다. 두려움, 걱정, 불행과 같은 것은 우리가 감정의 노예가 될 때만 일어나는 것이다. 즉 넓은 시야를 갖지 않는 사람은 인간적 굴레를 벗어나지 못한다. 그러나 자연의 추세라는 것이 이미 결정되어 있다는 것을 깨닫고, 또한 "어떠한 것도 그 자체에 있어서 좋거나 나쁜 것은 없다"는 사실과, 좋고 나쁜 것은 그것이 우리에게 어떻게 영향을 주느냐에 달려 있다는 사실을 깨닫게 되면, 우리는 자신을 해방시킬 수 있게 된다. 우리의 시야를 조절함으로써, 우리는 세계에 대해서 우리가 감정적 노예가 되는 것으로부터 해방시켜 줄 태도를 마침내 갖게 될 수 있으며, 바로 이러한 태도를 갖게 될 때, 우리는 선한(훌륭한) 삶을 살 수 있을 것이다.

이미 지적한 대로, 스피노자의 대작은 『윤리학』이다. 많은 철학자들이 이 위대한 작품을 이해하기가 가장 어려운 철학서 중 하나라고 여긴다. 따라서 스피노자 철학에 대한 어떤 해석도 결정적인 해석이라고 보기 힘들며, 우리가 위에 내린 해석(이것은 부분적으로는 『윤리학』에 기초한 것이다)도 마찬가지로 간단한 소개 정도로 보는 것이 좋다. 스피노자는 다음과 같이 쓰고 있다.

　　나는 이제까지 내가 정신이 감정에 대해서 갖는 힘과 정신의
자유에 대해서 설명하고 싶었던 모든 것을 마쳤다. 이제까지 이
야기된 바로부터, 우리는 현자의 힘이 어떠한 것인지를 그리고
그가 정욕에 의해서만 움직이는 무지한 사람들보다 얼마나 나은
사람인지를 알 수 있다. 무지한 사람은 여러 가지 면에서 외적
인 원인들에 의해서 요동되며 결코 영혼의 진정한 평안을 즐기
지 못할 뿐 아니라, 신과 사물에 대해서 무지한 채로 산다. 그래
서 이러한 고통이 멈추게 되면 존재의 가치조차 잃어버린다. 다
른 한편, 지혜로운 사람은 좀처럼 마음이 동요되지 않으며 신과
사물에 대해서 알고 있기 때문에 존재하는 것을 결코 멈추지 아
니하며 항상 영혼의 진정한 평화를 누린다. 내가 입증해온 바와
같이, 이런 쪽으로 인도하는 길이 매우 어려워 보일는지 모르지
만, 그럼에도 불구하고 그 길은 발견될 수 있는 길이다. 물론 그
길은 좀처럼 발견되지 않기 때문에, 실로 어려운 것임에는 틀림
이 없다. 만일 구원이라는 것이 용이하게 손에 넣을 수 있고, 상
당한 노력을 하지 않고도 발견할 수 있는 것이라면, 어떻게 그
것이 거의 모든 사람들에게 무시되는 일이 벌어질 수 있겠는가?
모든 숭고한 것들은 그것이 희귀한 것만큼이나 어려운 것이다.

5. 비 판

가. 자유론과 결정론의 모순

　　스피노자의 윤리학은 스토이즘에서 볼 수 있는 것과 비슷한
난점을 가지고 있다. 우선 결정론과 자유 사이에 존재하는 갈

등을 효과적으로 해결하지 않았다. 스피노자는 우리가 만일 일어나고 있는 일들이 반드시 그렇게 일어나게 되어 있다는 것을 이해하게 된다면 이러한 사실을 받아들이게 될 것이고, 이렇게 함으로써 우리는 '마음의 평화'를 이룰 수 있을 것이라고 믿었다. 그러나 자연에 있는 모든 사건들이 결정적인 것이라면 우리는 본질적으로 우리의 태도를 바꿀 수 있는 힘조차도 없다고 보아야 할 것이다. 우리는 실제 생활에서 스피노자가 제안하는 태도를 취하게 되든지, 아니면 그런 태도를 취하지 않기로 맘을 먹을 것이다. 그러나 우리가 일단 후자의 태도를 취하게 되었을 때, 스피노자가 제안하는 태도를 취하기 위해서 할 수 있는 일이라곤 아무것도 없다. 왜냐하면 이미 그렇게 되도록 결정되어 있기 때문이다.

나. 감정통제의 한계

두 번째 어려움은 인간의 삶에 대한 넓은 시야— 그의 말을 빌리자면 '영원의 관점'—를 가져야 한다는 스피노자의 교설과 관련된 것이다. 때때로 이것은 우리가 따를 만한 가치가 있는 유용한 충고이다. 실제로 사람들은 사소한 원인으로 자신들의 감정의 노예가 되기 때문이다. 그러나 감정이 깊이 관여해야 할 때도 많다. 대부분의 사람들은 자신에게 일어나는 일에 대해서 깊이 느껴야만 하는 경우가 있다고 믿는다. 이 경우에 결코 그런 식으로 느껴서는 안 된다고 제안한다면, 그것은 인간의 가장 심오한 경험의 일부를 제거하라는 것과 같은 말이 된다. 그러므로 만일 스피노자의 윤리학을 쫓는다면 우리에게는 예술적 창조란 불가능하게 될 것이다. 더욱이 더 중요한 의미에서 볼 때 그러한 윤리는 인간성에 위배되는 것 같다. 왜냐하면 스피노자 식의 관점을 택하는 것이 심리적으로 불가능한 기질을 가지고 태어난 사람도 있기 때문이다. 이러한 이유로 인해서 그와 같은 윤리이론은 넓은 층에 걸친 지지와 영속적인 호소력을 가질 수가 없다. 그리고 이것이 실로 스피노자의 윤리학의 운명이다.

제 8 장

공리주의: 벤담과 밀

1. 초기 공리주의자들

공리주의는 생동감을 가지고서 오랜 역사를 지속해온 도덕이론이다. 현대적 공리주의는 본래의 형태와는 다소 변형되었지만 여전히 미국과 영국의 철학자들이 받아들이고 있는 도덕이론이다. 공리주의를 최초로 주창한 사람 중의 한 사람으로서 우리는 프랜시스 허치슨(Francis Hutcheson, 1694-1746)을 들 수 있다. 그가 공리주의적 사상을 주창한 것은 1725년이라고 알려져 있다. 데이비드 흄(David Hume)의 도덕이론 또한 공리주의의 한 형태라고 받아들여진다. 그러나 가장 유명한 공리주의 주창자는 역시 제레미 벤담(Jeremy Bentham, 1748-1832)과 존 스튜어트 밀(John Stuart Mill, 1808-1873)이다.

벤담이나 밀은 모두 매우 흥미 있는 삶을 살았다. 벤담은 극도로 부끄러움을 많이 타고, 매우 민감한 성격의 소유자였다. 그래서 그는 낯선 사람들과 같이 있을 때는 언제나 마음이 편하지 않았다. 그는 많은 책을 썼으나 실제로 자신이 원해서 출판한 책은 하나도 없다. 친구들은 억지로라도 출판하기를 강요했다. 그래도 그가 계속 거절할 때는 친구들이 몰래 출판을 할 정도였다. 바로 이 사람이 19세기 영국에서 가장 논쟁거리가 된 인물 가운데 한 사람이 되었다. 사람들 앞에 나서기를 싫어하는 성격에도 불구하고 벤담은 '철학적 급진주의자들(The Philosophical Radicals)'이라고 불리는 개혁자들 그룹의 지도자가 되었다. 이 철학적 급진주의자들은 당시 영국에 상당한 정도로 사회적, 정치적 변화를 일으킨 장본인들이다. 예를 들면 영국의 형사법은 벤담과 그가 속한 그룹의 노력에 의해서 상당한 정도로 개선되었다.

벤담은 군주제와 세습적 귀족제 모두를 반대하고 여성의 참정권을 포함해서 완전한 민주주의를 주장했으며, 또한 인도를 포함한 그 밖의 영국 식민지에서 영국이 시행한 제국주의를 반대했다. 그러나 종교 문제에 있어서는 무신론자였다.

존 스튜어트 밀은 철학사에 있어서 아마도 가장 놀라운 신동이라고 볼 수 있다. 벤담의 제자이며 또한 친구인 밀의 아버지는 사람의 인격과 심지어 지성도 그가 받은 교육에 의해서 완전히 결정될 수 있다는 벤담의 이론에 크게 영향을 받았다. 그 결과 밀의 아버지는 그를 공립학교에 보내지 않고 유아 때부터 자신의 보호 아래 주의 깊게 교육을 시켰다. 밀의 성취 능력은 놀라울 정도였다. 8세에 대여섯 개의 언어를 마쳤고, 20세가 될 때까지 많은 문학 및 철학 고전들을 철저하게 섭렵했다. 주로 자신이 교육받은 것에 대해서 이야기하는 밀의 『자서전 (*Autobiography*)』은 매력적인 책이다. 우리는 이 책을 통해서 밀의 아버지가 가르쳤던 교육방식이 어린이들에게 미치는 심리적 영향을 볼 수 있다.

2. 결과론적 윤리로서의 공리주의의 특징

공리주의자들은 자신들의 철학적 작업을 어떤 행동이 옳고 그른가를 결정하기 위한 객관적 원리를 규정하는 시도라고 생각했다. 그들은 이것을 '공리의 원리(Principle of Utility)'라고 불렀다. 이 원리에 의하면 어떤 행동이 최대 다수의 최대 행복을 낳는 경향을 갖는 한 그것은 옳은 행위이다. 벤담이나 밀이나 모두 이 원리는 행복과 쾌락을 동일시 여기는 것이므로 결국 쾌락주의의 한 형태라고 해석했다. 이런 해석을 받아들이게 되면 결국 공리의 원리란 어떤 행동이 최대 다수를 위해서 최대의 양의 쾌락을 낳게 되면 옳은 행위가 되고 그렇지 않을 경우에는 그른 행위가 된다는 원리이다.

그러나 공리주의를 반드시 이렇게 해설할 필요는 없다. 이제 우리가 살펴보겠지만 공리주의자라고 하는 많은 현대의 철학자들은 쾌락주의자들이 아니다. 철학으로서의 공리주의의 본질은 어떤 행동이 가져오게 되는 결과를 강조하는 데 있다. 만일 어떤 행동이 해로운 결과보다도 이로운 결과를 더 많이 낳게 되면 그것은 옳은 것이 되고 그렇지 않으면 그른 것이 된다. 즉, 공리주의의 근본적 주장은 다음과 같이 말할 수 있다. 어떤 행동에서 옳고 그름은 동기가 아니라 결과가 결정한다. 사람들이 행동을 할 때 의도는 좋은데 행동의 결과는 전혀 그렇지 않은 경우가 있다. 히틀러는 그가 미친 듯이 행동하는 경우에도 독일을 발전시키겠다는 의도로 행동을 하고 있다고 믿었을지 모르나, 실제에 있어서 그의 행동은 고문, 고통, 학살, 그리고는 궁극적으로 독일 자체의 멸망을 몰고 왔다. 그러므로 공리주의자들은 히틀러의 행동을 그의 행동이 낳은 결과가 쾌락보다는 고통을 더 많이 낳았다는 근거에서 비난하며 따라서 그러한 이유로 그의 행동은 그릇된 것이라고 한다.

공리주의자들은 그들의 이런 원리를 완전히 객관적인 것이라고 여긴다. 공리주의의 견지에서 보면 어느 누구라도 어떤 행동이 옳은지 그른지를 측정할 수가 있다. 우리가 일단 쾌락주의를 받아들이게 되면 어떤 행동이 최대 다수에게 고통보다도 쾌락을 산출했는지를 결정하는 것은 순전히 과학적인 문제가 된다. 우리는 단지 그 행동이 유발한 쾌락의 양과 고통의 양을 계산하기만 하면 되고, 따라서 그 행동이 옳은지 그른지에 대한 대답은 저절로 나오게 되어 있다. 심지어 벤담은 '쾌락 계산법(Hedonic Calculus)'이라는 것을 만들어서 쾌락의 양을 자세하게 계산하기도 했다. 이 계산법에 의하면 어떤 행동이 야기하는 쾌락 혹은 고통의 양을 측정하는 일곱 가지 요소가 있다. 예를 들면 쾌락의 강도, 지속성 등이 그런 요소에 속한다.

도덕의 원리로서의 공리주의는 결국 행동을 수행하는 사람의 선(Goodness)과 악(Badness)의 문제와 그 사람이 수행한 행동의 옳고(Rightness) 그름(Wrongness)을 분리하게 된다. 어떤 사람이 항상 선한 의도(예를 들어, 항상 진실을 말하려는 마음)를 가지고 행동한다면 우리는 그를 도덕적으로 선하다고 말할 수 있다. 그러나 행동의 가치는 그 행동을 하는 사람의 가치와는 구별되어야 한다. 왜냐하면 이미 지적한 대로 사람이란 도덕적으로 선할 수 있지만 바람직하지 못한 결과를 낳는 일을 할 수 있기 때문이다. 만일 그렇다면 공리주의자들은 그런 행위를 그것이 선한(Good) 동기로부터 이루어졌다 할지라도 그르다(Wrong)고 선언할 것이다.

3. 공리주의와 민주주의

공리주의는 종종 정치적 제도로서 민주주의 정부를 수반하는 정치철학이라고 간주되어 왔다. 이것의 사실 여부는 답하기가 간단하지 않은 일이다. 그러나 이렇게 생각하는 경향이 어떻게 해서 생기게 되었는지를 살펴보는 것은 어려운 일이 아니다. 우선, 위대한 공리주의자들은 민주주의적 성향을 띤 사람들이었다. 그들은 시민의 자유와 여성의 참정권, 법에 의해서 움직이는 정부 등등을 위해서 싸웠다. 이러한 공로 때문에 공리주의의 철학적 주장들을 민주주의의 주장과 동일시 여기게 되었다. 둘째로, 공리주의는 어떤 행동이 유발한 쾌락과 고통의 양을 계산하는 데 있어서 각 개인은 동등한 중요성을 지니고 있다고 보는데, 바로 이것 때문에 공리주의는 개인들 각자가 법앞에 평등하다는 민주주의의 신조와 동일시 여겨지게 되었다. 그리고 마지막으로, 공리주의에서는 어떤 행동의 옳고 그름이 그것이 다수에게 어떻게 영향을 미치느냐에 따라서 결정되는데 바로 이러한 점이 민주주의의 또 하나의 조항인 다수에 의한 지배에 적절히 들어맞는 것처럼 보이게 되었다.

4. 공리주의 비판

이제 공리주의를 향해 던져졌던 몇 가지 반대를 살펴보자.

가. 사람들의 가치는 각각 다르다

우선 공리주의에는 어떤 행위가 얼마나 많은 행복 즉 쾌락을 낳았는지를 결정하는 데 이론적인 그리고 실제적인 어려움이 있다. 예를 들면 벤담의 주장에 의하면 어떤 행동이 유발하는 행복 혹은 불행의 양을 계산하는 데 있어 각자는 한 단위의 행복으로서 똑같이 중요하다. 그래서 우리는 그 행위에 의해서 행복하게 된 사람들의 수를 더하고, 불행하게 된 사람들의 수를 더한 다음에 그 행동이 불행보다는 행복을 산출했는지를 계산할 수 있게 된다. 그러나 니체 같은 철학자들은 이러한 가정을 격렬하게 반대한다. 니체는 **어떤 사람들은 다른 사람들보다 선천적으로 더 중요하다고** 믿었다. 즉 어떤 사람들의 행복 혹은 불행은 보통 사람들의 행복이나 불행보다 더 중요하다고 믿었다. 그는 그의 이런 가정 때문에 존 스튜어트 밀을 '멍청이(Blockhead)'라고 묘사했다. 니체는 밀에 대해서 다음과 같이 썼다.

나는 "어떤 사람에게 옳은 것이 또한 다른 사람에게도 옳다"고 주장하는 그 사람(밀)의 통속성을 혐오한다. 그와 같은 원칙들은 전체 인간의 교제를 쉽게 상호간의 서비스 교환으로 만들어버린다. 그래서 우리가 하는 모든 행동은 우리가 받은 것에 대해서 현금을 지불하는 것처럼 되어버린다. 이러한 가설은 아주 무시해버려야 한다. 왜냐하면 여기에는 나의 행동과 너의 행동 사이에는 어떤 동일한 가치가 있다는 것을 당연시하기 때문이다.

나. 모든 결과를 측정하는 것은 불가능하다

두 번째로 이것은 아마도 공리주의가 위의 문제보다 답변하기가 더 어려운 비판일일 것이다. 공리주의에 따르면 어떤 행동이 옳은지 아니면 그른지를 결정하기 위해서 결과의 총량을 고려해야 한다. 만일 우리가 단순히 눈앞에 벌어진 즉각적인 쾌락이나 고통만을 계산한다면 잘못된 결과를 초래할 수도 있다. 왜냐하면 즉각적인 결과는 장기간에 걸쳐서 일어나게 될 결과와는 다르게 나타날 수도 있기 때문이다. 예를 들어 1945년에 일본에 원자폭탄을 투하한 것이 더 길어졌을 전쟁을 종식시켰다는 의미에서는 이로운 결과를 가져왔을지 모르지만 원자폭탄 투하의 장기적 영향을 고려할 때는 아주 바람직스럽지 못했다고도 볼 수 있다. 이러한 예는 공리주의에 이론상의 어려움을 가져다준다. 왜냐하면 만일 우리가 어떤 행위의 결과를 모두 알고 나서야 그 행위의 옳고 그름을 평가할 수 있다면 우리는 그 행위의 마지막 결과라고 여길 수 있는 것이 나타날 때까지 무한정으로 기다려야만 하기 때문이다. 공리의 원리란 본래 행위의 옳고 그름을 판단하기 위한 실제적인 시금석으로 만들어졌는데 모든 결과를 알고 나서야 그 원리를 적용할 수 있게 된다면 그것의 실천적 혹은 실제적 가치는 쓸모가 없게 된다. 특히 우리가 도덕의 원칙에 기대하는 것이 올바른 행동방침이 무엇인가를 미리 결정하는 데 도움을 얻기 위한 것이라면 더욱 그렇다.

이러한 비판에 대해서 공리주의자는 행동의 옳고 그름은 전체의 결과가 일어날 것을 기다리지 않고도 고도의 개연성 (Probability)을 가지고 판단할 수 있다고 반박할 수 있다. 그러므로 우리는 결국 이 개연성의 원리에 따라서 가장 바람직한 결과를 낳을 것 같은 행동을 하면 된다. 그러나 공리주의를 이런 식으로 해석하게 되면 원래 공리주의가 명백히 피하려고 했던 어려움을 또다시 끌어들이게 된다. 즉 개연성의 원리에 의하면 행동의 옳고 그름은 이제 분명히 주관적인 고려에 의해서 좌우된다. 문제의 행동의 옳고 그름이 바람직한 결과를 낳을 것 같다는 개인의 믿음에 달려 있는 것처럼 보이게 된다. 우리는 이러한 원리를 믿고 자신의 행동이 빚을 수 있는 가능한 결과에 관한 최고의 과학적 정보에 따라서 행동했지만 그 행동이 가져오리라 예상한 결과를 갖고 오지 못할 수 있다. 이렇게 되면 나중의 결과에 따라서는 우리가 판단을 잘못했었다는 결과를 초래할 수도 있을 것이다. 이 때 우리는 최선의 가능성을 따라서 행동한 데 대해서 잘못 행동을 했다고 말해야만 하는가, 아니면 올바르게 행동을 했다고 말해야 하는가? 이 주장에 대해서 공리주의자는 두 가지 답변을 내놓을 수 있으나 그 어느 쪽도 어려움이 따른다. 만일 우리가 올바르게 행동했지만 잘못된 결과를 가지게 되었다고 하면 옳은 행동이란 실제에 있어서 마침내 가장 바람직한 결과를 가져올 행동이라는 공리주의의 견해를 포기하는 셈이 된다. 한편 주관적인 고려에서 행동하는 것은 잘못 행동하는 것이라는 입장을 취하게 되면 공리주의는 결국 실천적 목적을 위해서 사용할 수 있는 기준을 가질 수 없게 된다.

다. 결과가 아니라 동기가 도덕적 행동을 만든다

공리주의에 대한 또 하나의 반론에 의하면, 공리주의는 우리의 행위란 종종 그것을 유발하는 동기와 관련짓지 않고서는 제대로 평가할 수 없다고 생각하는 평범한 사람들의 믿음에 어긋난다는 것이다. 우리는 어떤 행동이 악한 동기에 의해서 이루어졌음에도 불구하고 바람직한 결과를 가져왔다고 해서 그 행동을 서슴없이 옳다고 말할 수 있는가? 모든 사람들이 악한 동기에서 행동했는데도 그것의 모든 결과가 바람직한 것으로 끝나게 되는 세상을 공리주의는 선한 세상이라고 가정할지 모르지만, 상식적인 사람들에게는 그와 같은 세상에 산다고 생각하는 것조차도 매우 불쾌한 일일 것이다. 그러므로 많은 사람들은 어느 정도까지의 공리주의를 받아들일 수 있겠지만, 공리주의를 극단적으로까지 밀고 나가는 것은 원치 않을 것이다.

따라서 몇몇 철학자들은 행동의 도덕적 가치를 평가하는 데 있어서 행위를 유발하는 동기를 고려해야 한다는 근거에서 공리주의를 반대해왔다. 이제 그와 같은 견해를 가졌던 칸트의 도덕이론에 눈을 돌려보자.

제 9 장
칸트 윤리학

1. 칸트 도덕이론의 특징

비록 칸트(Immanuel Kant, 1724-1804)는 주로 그의 인식론, 형이상학으로 유명했지만, 그 자신은 윤리학이 철학에서 가장 중요한 주제라고 믿었다. 그는 신의 존재를 증명하는 데 있어서 소위 '순수이성'으로부터 도출한 증명들이 모두 타당하지 못하다는 것을 보여준 후에 윤리적 논의를 통해서 신의 존재를 이야기하고 있다. 그의 윤리적 논의란 다름 아니라, 도덕법은 반드시 사람이 이룬 덕에 비례해서 그가 보상받아야 한다는 것을 요구한다는 것이다. 일상생활에서는 덕이 없는 사람들이 덕이 있는 사람들보다 더 행복하고 더 성공하는 경우가 종종 있기 때문에 그와 같은 보상(덕에 비례한 보상)은 이 세상의 삶에서 보장받을 수가 없는 것이다. 그러므로 칸트는 그런 보상이 이루어질 수 있는 다른 세상이 반드시 존재해야 한다고 추론한다. 이 추론을 통해서 그는 하나님과 영생이 있다는 결론에 도달한다.

형이상학과 인식론에 관한 그의 작품에서처럼 윤리이론에 대해서 칸트가 쓴 글 역시 매우 뛰어난 이론이다. 그러나 윤리에 관한 칸트의 글을 조금이라도 읽어본 사람이라면 그것을 이해하기가 매우 어렵고 요약하기는 훨씬 더 어렵다는 것을 알 것이다. 이것은 그의 문체가 간결하고 전문적인 용어가 많이 사용되기 때문이며, 또한 이해하기 힘든 그의 표현양식 때문이다. 그러나 또 한편으로는 그의 사상의 미묘한 경향과 아주 세밀한 부분까지 구별하여 설명하는 그의 글에서 비롯된다. 그렇더라도 여기에서 그의 이론의 주요한 몇 가지 점을 관계된 부분의 인용과 함께 되도록 간결하게 설명해보려고 한다.

2. 도덕의 본질: 강제와 자유 그리고 성향과 의무

칸트가 그의 도덕이론에서 대답하고자 했던 주된 질문은 "무엇이 도덕의 본질인가?"였다. 이 질문은 다음과 같은 방식으로도 말할 수 있다. "도덕적이 아닌(Nonmoral) 행동과 비교해볼 때 도덕적인(Moral) 행동은 어떤 것인가?" 즉 다시 말해서 "도덕적으로 행동하는 사람과 그렇지 않은 사람과 어떤 차이가 있는가?" 칸트는 이러한 질문 혹은 일련의 이런 식의 질문들에 대해서 답변할 수 있는 열쇠는 '성향(Inclination)'에 의한 행위와 '의무감(Sense of Duty)'에 비롯되어서 한 행위를 구별하는 데 있다고 믿었다. 그러면 이러한 용어들이 의미하는 바가 무

제9장 칸트 윤리학 199

엇인가를 살펴보자.

사람들은 종종 강요에 의한 행동을 하는 경우가 있다. 예를 들면 잠복해 있던 도둑에게 내가 습격을 받았다 하자. 이 때 나는 돈을 가지고 있다면 그것을 내놓지 않을 수가 없다. 혹은 내가 그것을 거절한다면 그 결과를 감내하지 않을 수 없다. 이와 같은 경우에 보통 우리는 나의 행동이 '자발적인 행위'라든지 '내가 원했기 때문에 한 행위'라고 말하지 않는다. 물론 '나의 의무'를 했다고 말하지도 않는다. 이 경우에 나는 자유로운 행위자가 아니다. 즉, 올바로 표현하자면 나는 나의 '성향'으로부터도 '의무'로부터도 행동하지 않았고 강요당해서 그렇게 했다고 할 수 있다. 그러므로 어떤 행위가 자유로운 행위자의 행동이 되기 위한 필수조건은 어떤 행위건 그것이 '성향'이나 '의무'로부터 나와야 하는 것이다.

이런 의미에서 볼 때 종종 우리들은 분명히 자유롭다고 말할 수 있다. 왜냐하면 누구도 우리를 어떤 특정한 방식으로 행동하기를 강요하고 있지 않으며 반대로 우리의 행동을 하지 못하도록 하지 않기 때문이다. 예를 들면 나는 오늘밤 자유롭게 영화를 보러 가든지, 집에 그냥 있든지, 책을 보든지, 혹은 심지어는 다른 일을 안 하고 그냥 이 글을 계속해서 쓸 수도 있다. 이 말이 의미하는 바는 이것들 중 어느 것을 하느냐는 내게 달려 있다는 것이다. 그런데 이것들 중에서 나는 어느 것을 해야만 하는가? 만일 출판업자와 오늘밤 이 글을 쓰는 것을 마치기로 약속을 했다면 나는 이 일을 계속할 의무를 갖게 되는 것이다. 한편 문제가 절박한 것이 아니라면 즉 나를 압박하는 어떤 요구도 있지 않다면 그 문제는 내가 행동에 옮기게 될 '취미'

나 '성향'의 문제라고 말할 수 있다. 나는 내가 하기를 원하는 것을 혹은 하기에 즐거운 것을 하게 될 것이다. 물론 완수해야 할 의무가 없을 경우에 그럴 것이다. 이런 예에서 볼 수 있듯 이 '성향'은 '의무'로부터 구별되어야 한다. 의무란 우리의 성 향이 다른 것을 하고 싶음에도 불구하고 우리가 반드시 해야만 하는 것을 말한다. 일단 우리가 의무에 놓이게 되면 우리는 그 것을 완수하려고 애를 써야 한다. 만일 의무가 없게 되면 우리 가 하게 되는 일은 성향이나 취향의 문제가 된다.

그런데 몇몇 철학자들은 도덕의 문제에 있어서 우리는 성향 에 따라서 행동해야 한다고 주장해왔다. 우리는 우리를 즐겁게 하는 행동이나 그런 환경에서 우리가 하고 싶어하는 행동을 해 야 한다는 것이다. 그러나 칸트는 도덕에 대해서 그렇게 설명 하는 것을 강력하게 반대한다. 칸트의 생각에 의하면 사람은 자신의 감정과 성향을 억제하고 자신이 의무로서 해야만 하는 것을 행할 때에야 비로소 도덕적으로 행동하는 것이다. 그러므 로 '자신의 의무를 행한다는 것'은 자신이 하고 싶은 마음이 내켜서라든지 기꺼이 하고픈 맘이 있어서 하는 것을 말하는 것 이 아니라, 자신이 해야만 한다고 인식하기 때문에 하는 것을 말한다. 즉 우리에게 의무가 있으며 따라서 우리는 그것을 완 수해야만 하는 것이다. 그러므로 단지 겁이 나서(예를 들어 빚 을 갚지 않으면 투옥된다는 두려움) 어떤 일을 하는 사람은 도 덕적인 사람이 아니다. 또한 어떤 사람이 남의 빚을 갚는데, 단 지 그것이 하고 싶어서라든지 달리 행동하는 것보다 그렇게 행 동하는 것이 그의 성향이기 때문에 그렇게 한다면 우리는 그를 도덕적이라고 말할 수가 없다. 어떤 사람이 순수하게 도덕적인 사람이라고 말할 수 있는 것은 그가 오로지 자신이 의무를 지고 있기 때문에 빚을 갚아야만 한다는 사실을 인식했을 때뿐이다. 그러므로 칸트가 본 대로 도덕이란 우리의 의무나 책무와 깊이 연관되어 있다.

3. 의무와 일치하는 행위와 의무로부터 하는 행위

칸트의 도덕이론의 다른 요소들에 대해서 살펴보기 전에 의무와 관련해서 한 가지 더 언급해야 할 것이 있다. 칸트가 말한 대로 '의무와 일치하는' 행동과 '의무로부터' 하는 행동을 구별하는 것은 중요한 일이다. 전자는 도덕적 행위가 아니고 후자가 도덕적 행위이다. 예를 들면 대부분의 부모들은 자신들의 아이들을 돌보고자 하는 경향이 있다. 즉 부모들이 자식들을 사랑하기 때문에 그럴 마음이 내킬 수도 있고 그들이 자식들을 제대로 돌보지 않을 경우에 법의 조치가 두려워서 그럴 마음이 내킬 수도 있다. 그러나 이런 이유로 자식들을 돌보는 사람들은 도덕적으로 행동하는 것이 아니다. 그 부모들은 '의무와 일치하는' 행동을 하기는 하지만 '의무로부터'의 행동을 하는 것은 아니다. 만일 그들이 자신들의 아이들에 대해서 갖는 특별한 의무를 인식하고서 행동한다면 그들은 의무로부터 행동을 하는 것이 된다. 이러한 의무의 성질을 이해하고 그것에 의해서 행동을 하는 사람은 도덕적이다. 그렇지 않다면 도덕적이지 않다. 칸트는 그의 『윤리학 이론(*Theory of Ethics*)』의 다음 구절에서 이것을 훌륭하게 설명하고 있다.

나는 여기에서 이런저런 목적으로 유용하긴 하지만 이미 의무와 일치하지 않는 것으로 인식되는 모든 행동들을 생략한다. 왜냐하면 이러한 행동들로는 그것들이 의무로부터 이루어진 것인지 아닌지에 관한 질문조차도 일어나지 않을 뿐더러 그런 질문과 상충하기조차 하기 때문이다. 나는 또한 실제로 의무에는 일치하면서도 그렇게 하고 싶은 직접적 의향은 갖고 있지 않으면서 어떤 다른 의향 때문에 하지 않을 수 없어서 하는 행동들도 제외하겠다. 왜냐하면 이 경우에 우리는 의무와 일치하는 그 행동이 의무로부터 이루어진 것인지 이기적 견해에서 이루어진 것인지를 쉽게 구별할 수 있기 때문이다. 행동이 의무와 일치하면서도 그것 외에도 행위자가 의무를 행하고자 하는 직접적인 성향을 가졌을 경우에는 이런 구별을 하기가 더욱 어렵다. 예를 들면, 물건을 파는 사람이 경험이 없는 구매자에게 본래 가격보다 비싼 값을 요구하지 않는 것은 항상 지켜야 할 의무이다. 보통 상거래가 많이 이루어지는 어느 곳에서든지 신중한 상인의 경우에는 정상가격 이상이 요구되지 않기 때문에 정찰가격이 유지된다. 어린애라도 마음 놓고 물건을 살 수 있다. 그래서 누구든지 정직하게 대접을 받는다. 그러나 이 경우에 상인이 의무로부터 그리고 정직의 원칙으로부터 그렇게 행동했다고 생각하기에는 충분치 않다. 그들이 물건값을 정찰가격으로 받은 것은 그 자신의 이익 때문에 그렇게 했다고 볼 수 있다. 따라서 그 행동은 의무로부터도, 직접적인 성향에 의해서도 이루어진 행동이 아니라 단지 이기적인 관점으로부터 이루어진 행동이다.

다른 한편, 자신의 생명을 지키는 것은 하나의 의무일 뿐만 아니라 또한 모든 사람들은 그런 (생명을 지키고자 하는) 직접적 성향을 가지고 있다. 그러나 이러한 이유로 대부분의 사람들이 종종 건강을 세심하게 돌보는 것이 본래적 가치를 갖는 일이라고 볼 수는 없다. 따라서 그들의 준칙(準則, 준거할 기준이 되는 규칙이나 법칙을 말함. 이 경우에는 건강을 세심하게 돌봐야 한다는 규칙)은 전혀 도덕적 의미를 가지고 있지 않다. 이 사람들은 의심할 바 없이 의무가 요구하는 대로 자신들의 생명을 지켜나가고 있지만 의무가 요구하기 때문에 그렇게 하는 것은 아니다. 다른 한편, 어떤 사람이 불운하게도 역경과 절망적인 슬픔 때문에 삶에 대한 맛을 완전히 잃었다고 하자. 그리고 이 불운한 사람이 자신의 운명에 화가 나지만 마음을 강하게 먹고 낙망과 실의에 빠져서 죽고 싶은 마음을 물리치고 생명에 대한 애착심은 없지만 그것을 보존하고자 한다면 즉 생명을 지키고자 하는 성향이나 공포로부터가 아니라 의무로부터 생명을 지켜나간다면 그의 준칙은 도덕적 가치를 지는 것이다.

이 인용구에서 본 대로 칸트는 도덕의 본질은 행동의 동기에서 발견되어야 한다고 강조함으로써 공리주의와는 매우 다른 입장을 취한다. 도덕적이 될 수 있는 모든 동기는 한마디로 의무감을 말한다. 그러므로 **사람이 의무감으로부터 행동할 때 도덕적으로 된다.** 우연히 약속을 지키게 되는 사람이나 처벌을 모면하려고 빚을 갚는 사람, 혹은 그렇게 하는 것이 결국 자기에게 이익이 될 것이라고 느끼는 사람들은 도덕적이지 못하다. 행동의 결과와는 상관없이 약속을 지켜야만 한다는 것과 빚을 갚는 것이 자신의 의무이기 때문에 빚을 갚아야 한다는 사실을 알고서 행동할 때, 그 때만이 사람은 도덕적으로 되는 것이다. 그러므로 선한 사람이란 '선의지(Good Will)'를 가진 사람 즉, 의무감으로부터 행동하는 사람을 말한다. 그래서 그의 널리 알려진 말에서 그는 다음과 이야기한다. "이 세상에서 그리고 이 세상 바깥에서조차 선의지를 제외하고 무조건적으로 선이라고 말할 수 있는 것은 전혀 생각해볼 수 없다."

칸트는 공리주의가 사람들의 행동의 결과와 그러한 행동을 유발한 동기를 혼동한다고 비판하면서 '신중한 행동(Prudential Action)'과 '도덕적 행동(Moral Action)'의 차이점을 밝혀내었다. 빚을 진 사람이 갚지 않을 경우에 법적인 결과가 어떻게 될 것인가를 신중하게 고려한 후에 빚을 갚는 사람은 도덕적인 사람이 아니다. 돈에 대한 의무를 지고 있어서 그것을 갚아야 할 의무가 지워져 있다는 생각에서 행동할 때만이 도덕적인 사람이다.

간단히 말해서 우리는 "도덕적이 아닌(Nonmoral) 행동과 구별되는 도덕적 행동이란 어떤 것인가?"에 대한 칸트의 답변을 다음과 같이 요약할 수 있다. 도덕적 행동이란 **의무에 대한 존경**으로부터 이루어지는 행동을 말하며, 따라서 도덕적인 사람은 **경향성**으로부터 혹은 단순히 의무와 일치된 행동을 하는 사람이 아니라 **의무로부터** 행동하는 사람을 말한다.

칸트는 이와 같은 구별을 통해서 도덕의 영역이라는 것을 우리에게 제시했다. 그는 도덕적으로 행동하는 것과 그렇지 않은 행동의 차이를 지적했다. 그러나 이것이 그의 도덕이론 전체를 다 설명하는 것은 아니다. 이러한 구별을 안다 할지라도 주어진 구체적인 상황에서는 자신의 의무가 어떤 것인지를 여전히 알지 못할 수도 있다. 구체적인 상황에서 자신의 의무가 무엇인지를 알 수 있는 어떤 시금석이 있는가? 칸트는 있다고 대답한다. 인간은 이성적 존재이므로 합리적인 방법으로 행동해야 한다는 것이다. 칸트에게 있어서 이 말은 항상 자신의 행동방침이 보편적인 법칙이 되도록 행동해야 한다는 것을 의미한다. 즉 모든 행동은 만일 그것이 보편적인 행동법칙이 된다면 어떻게 될 것인가 하는 관점에서 판단되어야 한다. 이것이 거짓말하는 것이 유리하다 할지라도 어떠한 상황하에서도 도덕적으로 받아들일 수 없는 이유이다. 왜냐하면 만일 우리가 거짓말을 모든 사람이 따라야 할 보편적인 법으로 여긴다면 도덕이라는 것이 불가능하다고 볼 수 있기 때문이다.

4. 정언명령

칸트는 '정언적(定言的) 명령 혹은 무조건적 명령(Categorical Imperative)'이라는 말을 만들어냈는데, 이것은 바로 위에서 설명한 것을 다른 방식으로 설명한 말이다. 그는 '정언적 명령'과 소위 '가언적(假言的) 명령(Hypothetical Imperative)'을 구별한다. 가언적 명령이란 만일 당신이 어떤 목적을 성취하고 싶다면 어떤 방식으로 행동해야만 한다는 취지로 이루어지는 명령을 가리킨다. 그러므로 가언적 명령은 앞뒤를 따져서 계산을 한 후에 이루어지는 신중한 행동(Prudential Action)과 관련이 있다. 예를 들면 만일 A라는 지점에서 B라는 지점으로 가는 지름길을 택해서 차를 몰고 가려고 할 때 그것을 하나의 명령이나 지시의 형식으로 표현하면 다음과 같이 할 수 있다. "만일 당신이 B라는 지점으로 지름길을 택해서 차를 몰고 가고 싶다면 길 X, Y, 그리고 Z 중에서 하나를 택해서 가야 한다." 다른 한편 정언명령은 '만일 ~ 한다면' 식의 조건이 붙지 않거나 그러한 행동이 수반하는 결과와는 상관없는 행동을 명령한다. 정언명령은 당신에게 조건을 달지 않고 이루어지는 명령이다. 그러므로 그것은 그 명령을 따른 사람은 도덕적으로 행동했다는 것을 보장하는 규칙을 만든다.

칸트는 몇 가지 다른 방식으로 정언명령을 공식화한다. 우선 첫째로, "그러므로 단 하나의 명령이 있는데, 바로 이것이다. 당신의 행동이 동시에 반드시 보편적 법칙이 되게끔 할 수 있는 그런 준칙(準則, Maxim)만을 따라서 행동하라."

이미 지적한 대로 이 말에서 칸트가 의미하는 바는 사람은 자신의 모든 행동이 보편적 법칙이 되는 것처럼 행동해야 한다는 것이다. 그러므로 어떤 사람도 도둑질을 해서는 안 된다. 왜냐하면 그가 훔치게 되고 또한 모든 사람이 훔치게 되어서 도둑질이라는 것이 보편적인 법칙이 된다면 사유재산의 소유에 기초한 도덕적 관계란 불가능하게 될 것이기 때문이다. 거짓말에 대해서도 마찬가지이다. 우리가 거짓말을 하지 말아야 하는 이유는 만일 거짓말하는 것이 보편적인 법칙이 된다면 신임에 근거한 모든 인간관계와 약속을 지키는 모든 행위가 불가능해지기 때문이다. 간단히 말해서 모든 행위는 일반적 법칙이 되는 것처럼 행동해야만 한다. 이것이 정언명령이 우리에게 이야기하는 바이다. 만일 우리가 하는 행위가 이와 같이 보편적 행동법칙이 될 수 있는 테스트를 통과하게 되면 그것은 도덕적 행동이 될 것이다.

첫 번째 공식과 똑같이 유명한 두 번째 정언명령의 공식은 다음과 같다. "당신 자신의 인격에 있어서나 다른 어떤 사람의 인격에 있어서든지, 모든 경우에 인간을 대할 때 목적으로서 대하지 결코 수단으로서 대하지 말도록 행동하라."

이러한 정언명령의 공식은 윤리학의 역사에서 오랜 전통을 지니고 있다. 이 정언명령은 "당신은 다른 사람들이 당신에게 해주기를 원하는 대로 그들에게 행하라"와 같은 준칙을 달리 표현한 것이다. 이 정언명령은 다른 사람들이 우리와 마찬가지로 이성적 인간 존재이기 때문에 그들을 존경하라는 명령을 우리에게 하는 것이다. 우리는 다른 사람들을 목적 자체로 대해야 한다. 왜냐하면 그것이 우리가 우리 자신을 대하는 방식이기 때문이다. 다른 사람을 우리가 원하는 것을 성취하기 위한 수단으로서만 대하게 되면, 그 사람을 사물로서 대하는 것이 되고 이성적 인간 존재로서의 그의 지위가 마땅히 받아야 할 존경을 보여주지 못하게 된다. 결과적으로 이 정언명령은 민주주의에 대해서 중요한 영향을 끼쳐왔다. 그것은 "모든 사람들은 평등하게 창조되었다"는 민주주의적 견해를 지지한다. 왜냐하면 이러한 민주주의적 견해를 취하게 될 때, 이 정언명령은 어떠한 사람도 법 앞에서 차별받지 말아야 하는 것으로 해석되기 때문이다.

이러한 정언명령의 공식에 대해서 비판이 있기는 하나 그것은 오해에서 비롯된 것이다. 이 정언명령을 문자 그대로 해석하게 되면, 마치 어떤 사람의 이익이나 욕망도 억압되어서는 안 된다는 것을 의미하는 것으로 생각될 수도 있다. 이런 식으로 해석하게 되면 사람들 사이에 갈등이 생겼을 경우에 가령 법원 같은 중재자가 누가 올바른가에 대한 결정을 내릴 수가 없는 결과를 낳게 된다. 왜냐하면 한 쪽에 대해서 불리한 판결을 내림으로써 그 사람의 혹은 그 사람들의 이익에 반(反)하는 행동을 하는 것이 되기 때문이다. 칸트의 견해를 이런 식으로 해석하게 되면 결국 무정부의 형태를 낳게 될 것이며 따라서 도덕적 삶이라는 것을 일상적 사회생활과 상반되게끔 할 것이다. 그러나 이미 지적한 대로 칸트를 그와 같은 식으로 해석하는 것은 잘못된 것이다. 칸트가 각 사람을 그 자체 목적으로서 대해야만 한다고 말할 때, 그는 각 사람의 이익은 보장되어야 한다는 것을 의미한 것이 아니다. 그는 단지 사람들 사이에 어떠한 갈등이 생겼을 경우에도 각 사람은 동등한 가치를 지닌 존재로서 취급받아야 한다는 것을 말했을 뿐이다. 그 사람의 이력, 현재의 사회적 지위, 혹은 현재의 경제적 능력이 그에게 불리하게 적용되어서는 안 된다. 모든 사람들은 법 앞에서 다른 사람들과 동등하게 대우받아야 한다는 것이다.

5. 비 판

가. 칸트 윤리학의 매력

칸트의 도덕적 견해는 도덕의 본질을 설명할 때, 예를 들어 플라톤주의와 쾌락주의가 서로 갈등을 일으키는 경우에 어느 것이 타당성이 있는 것인가를 밝히고자 하는 시도로서 볼 수 있다. 플라톤주의자들은 도덕적 기준이 지녀야 하는 객관성을 강조하는데, 이것은 칸트가 받아들이는 명제이다. 왜냐하면 정언명령은 자신의 행동이 동시에 보편적 법칙이 되도록 행동할 것을 요구하기 때문이다. 동시에 칸트는 인간 행위의 동기를 행동에 대한 도덕적 가치를 평가하는 데 있어서 반드시 고려해야 할 요소로서 본다. 그런데 플라톤주의자들이 실수한 것이 있는데, 그것은 그들이 도덕에 있어서 객관성을 추구한 나머지 선과 악을 인간의 행동 동기로부터 분리한 데 있으며, 또한 쾌락주의자들이 실수한 것은 도덕적 동기를 쾌락의 추구와 동일시한 데 있다. 칸트의 윤리이론은 재미있기도 하고 설득력 있는 이론이다. 왜냐하면 두 요소를 공정하게 평가하려고 했기 때문이다. 그 두 요소란, 첫째 도덕이라는 것은 어느 정도 인간의 동기에 의존한다는 것과, 둘째 도덕은 단순히 경향성이나 취향이나 혹은 선호의 문제가 아니라 객관성을 띤 것이라는 것이다.

상식에 의할 때, 도덕이라는 것은 이 두요소를 모두 포함한다. 칸트에 의하면 공리주의자들은 도덕에 있어서 객관성이라는 것을 사람의 행동이 가져오는 결과와 동일시하려고 하지만, 상식은 그런 객관성을 도덕과 동일시하지 않는다고 한다. 상식적인 생각으로는 사람이 행동할 때 갖게 되는 의도와 동기는 중요한 것이다. 만일 어떤 사람이 최선의 의지를 가지고 행동했는데 결과가 잘못되었을 때, 우리는 그 사람을 용서해주는 것이 보통이다. 어떤 환자를 수술한 외과의사가 실수로 그를 죽였다 할지라도 그는 도덕적으로는 비난받지 않는다. 칸트의 말대로 그는 역량이 부족하고 기술이 부족한 사람이기는 하지만 우리는 그가 단지 수술에 실패를 했다고 해서 부도덕한 사람으로 보지는 않는다. 이러한 사실은 우리가 어떤 행동이 옳은 것이냐 그른 것이냐를 평가할 때, 인간의 동기를 어느 정도 참작할 필요가 있다는 것을 보여준다. 그런데 인간의 동기를 욕망, 변덕, 혹은 성향으로부터 나오는 것으로 보게 될 경우에는 칸트는 도덕이란 전적으로 인간의 동기의 문제만은 아니라는 것을 동시에 지적한다. 왜냐하면 어떤 동기들은 바르지 못한 동기이기 때문이다. 예를 들면 쾌락의 추구 같은 것이 그렇다. 우리가 사람을 도덕적인 존재로 보는 것은 단지 그가 의무에 대한 존경으로부터 행동할 때만이다. 그리고 이 경우에 그는 자신의 성향과 반대로 행동하는 것이다.

칸트의 견해를 우호적으로 보는 주장은 또 다른 상식적 관점에 근거한다. 즉, 우리가 도덕적으로 행동하려면 반드시 일관성 있는 행위를 해야 한다는 상식적 생각이다. 이 말은 자신의 행위를 보편적 법칙이 되게끔 해야 한다는 칸트의 정언명령과 같은 말이다. 징병 기피자에게 "모든 사람들이 너처럼 행동하면 어떻게 되겠냐?" 하고 이의를 제기하는 것은 합리적인 물음이다. 우리는 사람이 일관성 있게 행동해야 한다고 느낀다. 즉 어떤 때는 탈세하는 것이 도덕적으로 올바르지 못한 일이고 또 다른 때는 그렇게 하는 것이 도덕적으로 올바르다고 말할 수가 없다. 우리는 우리에게 세금을 내는 의무가 부과되면 항상 그렇게 해야 한다고 느낀다. 즉 우리는 보편적 규칙, 즉 준칙(Maxim)에 따라서 행동해야 한다.

이렇게 볼 때, 칸트의 윤리학은 매우 설득력 있는 이론이라고 생각할 수 있다. 그렇다면 우리는 그의 윤리이론에 대해서 어떤 비판을 내릴 수가 있을까? 여태까지의 칸트에 대한 비판은 크게 세 가지로 분류해서 볼 수 있다.

나. 도덕적 평가에서 동기만이 아니라 결과도 고려해야 한다

첫째로, 칸트는 행동의 도덕적 가치가 행동을 일으키는 동기에만 의존한다는 것을 입증하려고 애썼지만 사실상 그는 은연중에 행동의 결과를 행동의 옳고 그름을 결정하는 데 도입하고 있다는 비판을 받는다. 예를 들어 그는 다음과 같이 말한다. "그래서 나는 내가 거짓말을 하려고 의도하면서, 동시에 거짓말하는 것이 보편적 법칙이 되어야 한다고 의도할 수는 없다는 것을 곧 알게 된다. 그와 같은 법칙이 성립된다면 약속이라는 것이 전혀 성립이 될 수 없다. 왜냐하면 내 주장을 믿지 않으려는 사람들이나 내게 금방 대갚음을 하려는 사람들에게 나의 의도를 주장해봐야 아무런 소용이 없을 것이기 때문이다." 그런데 칸트는 이와 같은 예를 인용하면서 **거짓말을 함으로써 생기는 결과 즉, 대갚음을 받는 것**에 대해서 언급하고 있다. 따라서 그의 이론은 그가 단지 동기만을 고려하고 있다는 그의 본래의 주장을 고수하지 않기 때문에 일관성이 없는 것으로 볼 수 있다.

다. 모순되는 두 가지 의무의 갈등을 해결할 수 없다

칸트 윤리학에 대한 두 번째 비판에 의하면 우리에게 부과된 의무들을 수행할 경우에 그것들 사이에 갈등이 생길 경우가 있는데 — 사실 이러한 경우는 가장 절박하고도 심각한 형태의 도덕적인 난제들 중의 하나이다 — 칸트의 윤리학은 이것을 해결할 수가 없다는 것이다. 비밀을 지키기로 약속을 했는데 누군가 다른 사람이 나타나서 그것에 대해서 묻는 경우를 한번 상상해보자. 이 경우에 나는 진실을 말해야 하는 의무도 지키고 약속을 지켜야 하는 의무도 동시에 지킬 수는 없다. 그러나 칸트의 주장에 따르자면 나는 이 둘을 다 해야 한다. 이와 같은 상황에서 논리적으로 볼 때 나의 행동을 보편화할 수가 없다. 즉, 만일 내가 진실을 말하면 나는 비밀을 지키겠다는 나의 약속을 깨는 것이 되고, 만일 나의 약속을 지키면 진실을 말하지 않게 되기 때문이다.

라. 칸트의 정언명령은 실제 생활과 맞지 않는 경우가 있다

칸트의 이론이 겪게 되는 세 번째 어려움은 위의 두 번째 비판과 유사한데, 칸트가 결코 거짓말을 하지 말아야 한다든지, 결코 약속을 깨어서는 안 된다든지 하는 주장을 할 때, 너무나도 강력한 주장을 고집한다는 데 있다. 더 완화된 도덕적 객관주의에 의하면 이와 같이 강력한 주장을 할 필요가 없다. 이 객관주의에 의하면 도덕규칙들은 예외가 없는 정언적 즉, 무조건적인 명제로 해석하기보다는 일반화된 명제로 해석해야 한다는 것이다. 일반적으로 우리는 진실을 말해야 하지만 도덕적으로 볼 때 오히려 거짓말을 해야 한다고 느낄 경우가 생길 수도 있다. 예를 들면 만일 권총으로 무장한 어떤 미친 사람이 내게 와서 내 친척을 죽이려고 그를 찾을 경우에, 단지 진실을 말해야 한다는 의무감 때문에 그 미치광이에게 친척의 소재지를 알려준다면 사람들은 당연히 나의 이런 행동을 매우 부도덕하다고 여길 것이다. 사실 어떤 다른 우선적인 요소들이 있지 않다면 약속을 지키고 빚을 갚는 것은 우리가 지켜야 할 의무들이다. 로스(W. D. Ross, 1877-1971)는 이러한 의무들을 '자명한 의무(Prima Facie Duties)'라고 일컬었다. 우리들은 어떤 다른 우선적인 요소들이 있지 않다면 혹은 다른 모든 요소들이 동등한 것이라면 그와 같은 의무들을 수행하도록 의무 지워져 있다. 이와 같은 비판은 상식에 반하는 것을, 즉 어떠한 상황이나 조건하에서도 사람은 항상 진실을 말해야 한다거나 항상 약속을 지켜야 한다는 식으로 고집하지 않으면서도 여전히 객관적인 도덕으로서의 입장을 지닐 수 있다. 우리는 포로가 된 군인이 군사 기밀을 누설한 것에 대해서 그가 진실을 말해야 한다는 정언명령을 따랐기 때문에 비난받지 말아야 한다고 이야기하지 않는다.

제 2 부

현대 윤리학

제10장

현대 윤리학이란?

1. 철학적 분석이 윤리학에 끼친 영향

이미 1부를 시작하면서 지적했듯이 소위 '고전' 윤리학은 "사람들에게 선한 삶이란 무엇인가?"와 "어떻게 사람들은 행동해야만 하는가?"의 두 가지 질문에 대해서 대답하려는 노력을 특징으로 하고 있다고 했다. 만일 우리가 이 질문들을 조금 다른 관점에서 살펴본다면, 일상생활 속에서 부딪친 어떤 일에 당황한 사람들이 충고를 요구하면서 하는 질문들이라고 말할 수 있다. 그리고 고전 윤리이론들이 주는 답변들은 각 개인들에게 주는 충고를 서술한 것이라고 이해할 수 있다. 그러므로 쾌락주의는 선한 삶이란 쾌락의 삶으로 구성되어 있으며 우리는 쾌락을 얻기 위해서 행위를 해야 한다고 이야기한다고 볼 수 있다.

그런데 20세기에 들어서서 윤리학의 문제에 대한 근본적인 회의가 일어나기 시작했다. 그것은 그 때까지의 윤리학설들이 윤리학의 기본적인 물음 즉, "어떻게 살아야 하나?" 하는 물음에 대해서 하나도 만족스러운 대답을 주지 못했다는 것과 또 하나는 다양한 도덕적 현상에 대한 사회학적, 민속학적, 심리학적 연구로 말미암아 일정한 도덕적 원리를 파악한다는 것이 어렵게 되었기 때문이다. 이렇게 되어 윤리학은 학문 자체로서의 가능성이 있느냐는 회의에 부딪친다. 이제는 "어떻게 살아야 하느냐?"라는 종래의 물음에 답하기 전에 과연 그 물음이 학문적으로 다룰 수 있는 문제냐 아니냐부터 해결해야 할 입장에 놓이게 되었다. 이렇게 됨으로써 현대 윤리학은 규범적인 문제는 일단 접어두고 분석적인 문제에 전념하게 된다.

　　고전적 윤리학의 질문과 답변은 이미 그 질문의 의미와 답변의 의미가 명백한 것이라고 가정하고 있다. 그러나 최근에 철학자들은 이런 질문들과 답변들의 많은 부분이 전혀 명백한 것이 아니며, 우리가 이것들에 답변할 수 있기 전에 먼저 그것들이 의미하는 바가 무엇인지를 정확하게 이해해야만 한다는 사실을 깨닫기 시작했다. 그것들이 의미하는 것이 무엇인지를 알려면 우선 그 질문들이 명료하게 해명되어야 한다. 그러한 질문들과 답변들의 의미를 명료화하는 과정을 우리는 '철학적 분석(Philosophical Analysis)'이라고 한다. 현대 윤리학에서 집요하게 이러한 과정을 요구함으로써 현대 윤리학은 고전적 전통에서 추구했던 윤리학과는 엄청나게 다른 것이 되어버렸다. 주요한 차이점은 현대 윤리학에서는 과거와는 달리 우리가 삶에 대한 어떤 충고의 답을 주는 일에 매달리지 않으면서도 철학적 분석에 종사하면서 윤리학을 할 수 있다는 것이다. 예를 들면 우리는 공리주의와 같은 윤리이론을 반드시 옹호하지 않으면서도 그것을 분석할 수 있다. 물론 분석 과정이 본래 목적은 아니다. 그러나 우리가 도덕이론들에서 나타나는 결정적인 용어들과 진술들의 의미를 분명하게 이해하게 되면 도덕이론들 중에서 어느 것을 옹호해야 하는 것을 결정할 때 더 유리한 입장에 서게 될 것이다. 그러므로 현대 윤리학은 고전적 전통의 윤리학에 대한 대안으로서보다는 그와 같은 이론들을 더 깊이 연구하기 위한 준비단계로서 보는 것이 좋겠다.

그러므로 우리는 '현대 윤리학'을 분석이라는 도구를 도덕이론에 적용하는 철학 분야라고 정의(定義)내려도 좋을 듯하다. 이렇게 정의를 내리는 작업이 의미하는 바를 좀더 분명하게 언급하기 위해서 철학적 분석을 윤리적인 분야와 윤리가 아닌 분야에 적용시키는 예를 살펴보자.

우선 '총각'과 같은 간단한 말을 생각해보자. "철규는 총각이다"와 같은 문장에서 총각이라는 말이 의미하는 바는 무엇인가? (물론 이 말의 의미는 "나는 총각김치를 아주 좋아한다"라는 문장에서 의미하는 바와는 다르다.) 이 질문에 답하기 위해서 우리는 '총각'이라는 말을 분석할 필요가 있다. 그 말의 의미를 분석하기 위해서 우리는 총각이라는 말이 적용되는 모든 사람들이 갖고 있는 일련의 특징들을 살펴보아야 한다. 예를 들어 '곱슬머리'라는 특질은 몇몇 총각들에게는 속하는 말이지만 모든 사람들이 총각이 되기 위해서 가져야만 하는 특질은 아니다. (여자들도 그리고 인형과 같은 많은 다른 사람이나 물건도 총각이 아니면서도 그와 같은 특질을 가질 수 있기 때문이다.) 한편 모든 총각들은 남자이어야 한다. 그러나 남자라는 사실이 총각이냐 아니냐를 결정하기 위한 충분한 조건은 아니다. 왜냐하면 어떤 사람이 남자이긴 하지만 이미 결혼한 사람일 수도 있기 때문이다. 그렇다면 그는 총각이 될 수가 없다. 총각이 되기 위해서는 그가 남자이어야 할 뿐 아니라 결혼을 하지 않았어야 한다. 그러므로 '총각'에 대한 완전한 분석이 밝혀주는 사실은 그것은 '결혼하지 않은 남자'와 똑같은 의미이다. 좀더 전문적인 말로 하자면 '남자'라는 것과 '결혼하지 않았다'는 두 사실이 우리에게 필요하고도 충분한 조건을 제공하기 때문에 이 두 사실은 총각에 대한 정확한 의미를 제공한다. '남자임'이라는 것이 필요조건이라는 말은 남자가 아닌 사람은 누구도 총각이 될 수 없다는 것을 의미한다. 이 조건은 '결혼하지 않았다'는 다른 필요조건과 함께 총각이 되기 위한 충분한 조건들이 된다. 즉 이 두 특징을 모두 지닌 사람은 누구든지 총각이 되는 것이다. 철학적 분석이란 용어의 의미를 결정짓는 필요하고도 충분한 조건들을 탐구하는 것(물론 이것이 철학적 분석의 유일한 일은 아니다)이라고 종종 여겨진다.

때때로 '철학적 분석'이라는 말은 어떤 용어의 의미를 분명히 하려는 과정을 말한다. 물론 이 과정이 방금 다루었던 총각의 정의에 대한 분석에서와 같은 결과 즉, 필요충분조건의 발견과 같은 결과를 갖고 올 수도 있고 그렇지 않을 수도 있다. 분석의 기능은 질문을 정확하게 하는 것이다. 그렇게 함으로써 우리는 그 질문에 대해서 어떻게 대답할지를 알게 된다.

2. 현대 윤리학의 특징

우리가 살펴본 대로 쾌락주의, 스토아주의, 공리주의 등등의 고전 윤리설들은 매우 복잡한 이론들이다. 그런데 고전 윤리설들이 주는 충고의 장단점을 논하기 전에 우리는 먼저 그 충고 자체를 이해할 필요가 있다. 그리고 이것을 이해하기 위해서 먼저 고전 윤리설들이 사용하고 있는 용어들의 의미, 예를 들어 '선(좋음)', '악(나쁨)', '올바름', '그름', '반드시 해야 함' 등등의 의미를 분석하면 된다. 고전 윤리학과는 달리 현대 윤리학은 우리가 '분석'이라고 부르는 이 작업을 강조한다. 많은 현대 철학자들은 이러한 분석의 과정을 통해서 고전 도덕철학자들의 방법이 잘못되었다는 것이 밝혀졌다고 믿고 있으며, 또한 그들이 물었던 질문들이 명백한 것이 아니었다는 것이 밝혀졌다고 생각하며, 따라서 그들의 답변은 그들이 주장한 것처럼 타당성을 지니지 못한다는 것이 밝혀졌다고 믿는다. 다른 말로 하자면 현대의 많은 철학자들은 고전 윤리설들은 우리들에게 적극적인 도덕적 지침을 주려고 했지만 그것은 실은 불가능한 일이었다고 생각한다. 그러므로 도덕철학자들이 할 수 있는 일이라고는 기껏해야 우리가 도덕적 판단을 말로 표현할 때 사용하는 언어의 의미를 명확히 하는 것뿐이라고 생각한다. 이러한 방식이 소위 '철학에 있어서 20세기 혁명'이라는 것이 현대 윤리학에 끼친 중요한 영향이다.

이러한 혁명을 도덕철학의 방법에 적용한 사람이 바로 영국의 윤리학자 무어(G. E. Moore, 1873-1958)이다. 무어는 1903년에 출판된 그의 책 『윤리학 원리(*Principia Ethica*)』에서 고전적 윤리이론들은 신학적, 형이상학적, 혹은 과학적 전제로부터 도덕적 교훈을 도출하려고 했다고 비판했다. 그리고 그와 같은 논변은 잘못된 것이라고 주장했다. 왜냐하면 우리는 어떤 하나의 논리적 양식(즉, 사실적 혹은 기술적(記述的) 판단)이 갖고 있는 전제에 근거해서 그것과는 전혀 다른 논리적 양식(즉, 처방 혹은 규범)을 주장할 수 없기 때문이다. 이것은 일찍이 데이비드 흄(David Hume, 1711-1776)이 지적했던 점이지만 무어가 그것을 더욱 발전시켜서 고전 윤리설들이 저지른 잘못은 '선', '악'과 같은 도덕적 언어들을 비도덕적인 용어로 즉 신이나 인간의 본성에 관한 서술적 용어로 규정지었다는 것을 밝혔다. 다시 말해서 '선'이라는 것을 '신이 인정하는 것' 혹은 '최대 다수의 최대 행복을 낳는 것' 등과 동일시하려고 했다는 것을 밝혀냈다. 그는 주장하기를 이렇게 하게 되면 '선'과 같은 도덕적 언어들의 의미가 담고 있는 본래의 도덕적 혹은 규범적 요소들이 없어져버리게 된다고 한다. 이것이 그가 우리에게 '선'이라는 것은 모든 다른 도덕적 언어와 마찬가지로 규정할 수 없는 것이며 '선'은 단순하고도 분석할 수 없는 속성을 가진 것이라고 말할 때 의미하고자 하는 것이다. 도덕적 언어를 규정하려고 하는 것은 그가 말하는 '자연주의적 오류(Naturalistic Fallacy)'를 범하는 것이다. 왜냐하면 도덕적 언어들을 규정지으려는 어떠한 시도도 그것들을 서술적 의미로 바꾸려는 것이고 그렇게 되면 그 언어들이 우선적으로 갖고 있는 도덕적 요소를 잃어버리게 되기 때문이다.

많은 철학자들은 무어의 이러한 시도를 도덕철학의 문제를 새로운 방식으로 접근할 필요가 있다는 의미로 받아들였다. 즉,

신이나 '선', 혹은 인간의 본성에 대한 사실적 진술을 검토하는 것이 아니라 도덕적 언어 자체의 분석에 근거한 방법으로 접근할 필요가 있다는 것이다. 이렇게 됨으로써 많은 철학자들은 도덕적 진술은 신학적, 형이상학적, 혹은 과학적 진술과 같지 않으며 그 나름대로의 특수한 논리를 가지고 있다는 사실을 알게 되었다. 이제 몇 가지 현대 윤리이론을 분류해보고 그것들이 어떤 것인지를 살펴보자.

3. 현대 윤리이론의 분류

현대 윤리이론은 보통 세 개의 방식으로 분류할 수 있다. 첫째 방식으로, 윤리를 주관주의적(Subjectivistic)으로 보느냐 혹은 객관주의적(Objectivistic)으로 보느냐이다. 둘째 방식으로, 자연주의적(Naturalistic)이냐 혹은 비자연주의적(Nonnaturalistic)이냐, 혹은 이모티비스트적(Emotivistic)이냐이다. 셋째 방식으로, 동기주의적 이론(Motivist Theory)이냐 혹은 의무론적 이론(Deontological Theory)이냐이다. 이제 우리는 간략하게 이 용어들 각각의 정의를 살펴보고 왜 현대 윤리이론을 이해하는 데 이 분류가 중요한가를 살펴보겠다.

제11장

주관주의와 객관주의

1. 주관주의

현대 윤리이론을 분류하는 데 있어서 현대 윤리이론들은 주로 도덕적 언어의 분석과 관련이 있다는 사실을 반복해서 이야기하지 않을 수 없다. 왜냐하면 현대 윤리이론이 윤리적 언어를 어떻게 분석하느냐에 따라서 주관주의적이냐 객관주의적이냐로 분류할 수 있기 때문이다. (물론 이 두 입장을 모두 취할 수는 없다.) 당연한 말이지만 객관주의적 이론은 주관주의적이 아닌 이론을 모두 일컫는 말이다. 그렇다면 어떤 것을 '주관주의'라고 하는가?

주관주의 이론은 다음의 두 가지 특성을 가진다. 첫째, 만일 어떤 윤리이론이 보통 '윤리적' 판단이라고 불리는 것(예를 들어 "도둑질은 잘못된 짓이다")은 참도 아니고 거짓도 아니라고 주장한다면 그 이론은 주관주의적 이론이다. 둘째, 만일 어떤 이론이 주장하기를 윤리적 판단이 참이거나 거짓이기는 하지만 그 판단은 항상 그 판단을 진술하는 사람의 심리에 관해서 말하는 것이라고 한다면, 그 이론 역시 주관주의이다. 우리는 토머스 홉스(Thomas Hobbes, 1588-1679)의 도덕이론을 보통 주관주의라고 부른다. 왜냐하면 그는 "이것은 선하다"와 같은 판단을 "나는 이것을 바란다"는 말로 분석될 수 있다고 주장했기 때문이다. 그의 견해에 의하면 도덕적 언어는 사람의 욕구, 성향, 감정 등을 표현하기 위해서 다른 형태의 말을 사용한 것뿐이라고 한다. 몇몇 해석에 따르면 칸트의 도덕이론도 주관주의이다. 왜냐하면 그의 도덕이론은 윤리적 판단을 명령으로 분석하는데, 그 명령은 참도 아니고 거짓도 아니기 때문이다. (예를 들어 "오른쪽으로 돌아!"라는 명령은 참이 아니면 거짓이라고 말하는 것은 전혀 의미가 없다.)

2. 객관주의(도덕적 실재론)

이와 같은 정의에 의하면 플라톤의 윤리학과 공리주의는 객관주의적 이론이다. 플라톤은 도덕 판단은 "2 더하기 2는 4이다"라는 판단과 똑같은 의미에서 참이거나 거짓이라고 주장했다. 마찬가지로 그는 주장하기를 "이것은 선하다"와 같은 진술이 참이라면 그것은 어떤 사람의 심리 상태를 말하는 것이 아니고 '선(Goodness)'이라고 불리는 세계의 어떤 특성을 말하는 것이라고 한다. 플라톤은 세계에는 도덕적 사실이라는 것이 있으며 '선'이 바로 그와 같은 사실이라고 주장한다. 그래서 이와 같은 견해를 오늘날 종종 '도덕적 실재론'이라고 부른다. 공리주의는 이 두 가지 면 모두에서 플라톤주의와 유사하다. 공리주의에 있어서 "이것은 옳다"와 같은 판단들은 "이것은 고통보다는 쾌락을 더 많이 낳는다"는 것을 의미하며, 따라서 이것은 일반적인 과학적 판단과 같은 성격을 지니고 있다. 또한 이 판단은 쾌락과 고통과 같은 심리적 실체에 관한 판단이기는 하지만 그것을 진술하는 한 사람만의 심리에 대해서 말하는 것이 아니라 수많은 사람들의 심리에 대해서 말하는 것이다. 이러한 이유 때문에 이와 같은 판단들은 진술자 한 사람을 넘어서서 일단(一團)의 개인을 언급하는 것이다. 이러한 의미에서 볼 때 공리주의에 있어서 도덕적 언어는 주관적인 것이 아니라 객관적인 것이다. 그러나 중요한 것은 플라톤주의나 공리주의와 같은 객관주의적 윤리이론들은 도덕적 진술을 과학적 진술과 유사한 것으로 보는 견해에 근거한다는 사실이다.

3. 주관주의와 객관주의 분류의 중요성

도덕이론을 주관주의와 객관주의로 분류하는 일은 매우 중요하다. 왜냐하면 우리는 이 분류를 통해서 어떤 도덕이론의 도덕적 기준의 지위가 어디 있는가를 알 수 있기 때문이다. 만일 도덕적 기준이 (입맛처럼) 단순히 주관적인 것이라면 어떤 행동이 부도덕한 것인지 아닌지에 관한 논쟁을 해결할 방법이 없다고 봐야 한다. 만일 어떤 음식 맛이 내게는 신맛이 나고 당신에게는 단맛이 날 때, 내가 틀렸다 혹은 네가 틀렸다는 식으로 말할 수가 없다. 이와 마찬가지로 만일 내가 "도둑질은 잘못된 짓이다"라고 말할 때 그것은 단순히 "나는 도둑질을 싫어한다"고 주장하는 것이고, 만일 당신이 "도둑질은 올바른 일이다"라고 말할 때 그것이 단순히 당신이 도둑질을 좋아한다고 주장하는 것이라면 우리 가운데 누가 옳고 그른지를 입증할 방법이 없다. 당신은 당신 방식대로 느끼고 나는 내 방식대로 느끼는 것이다. 그것 외에 더 이상 아무것도 없다.

그러므로 도덕적 판단이 단순히 주관주의적 언명이냐 아니냐는 문제는 매우 중요한 문제이다. 앞으로 제14장에서 주관주의와 객관주의에 대한 찬반론을 살펴볼 것이다.

제12장

자연주의, 비자연주의, 이모티비즘

1. 세 이론의 차이점

윤리이론을 자연주의, 비자연주의 혹은 이모티비즘으로 분류하는 것은 더욱 학문적인 문제를 제기하지만 역시 매우 중요한 일이다. 이제 이것들이 무엇을 말하는지 살펴보고 왜 이것들이 제기하는 문제가 중요한 것인지 살펴보자.

만일 어떤 윤리이론이 도덕적 판단들은 참이거나 거짓이며 또한 도덕적 판단들은 완전히 어떤 자연과학(보통은 심리학)의 개념으로 환원할 수 있다고 주장하면, 그 윤리이론은 자연주의적(Naturalistic) 이론이다.

만일 어떤 윤리이론이 도덕적 판단들은 참이거나 거짓이긴 하지만 그 도덕적 판단은 어떠한 자연과학의 개념으로도 환원될 수 없다고 주장하면 그 윤리이론은 비자연주의적(Nonnatural)

이론이다.

만일 어떤 윤리이론이 도덕적 판단들은 참도 아니고 거짓도 아니며 단지 그것을 언명하는 사람들의 감정을 표현한 것뿐이며 그것을 듣는 사람들의 감정을 불러일으키는 판단이라고 주장한다면 그 윤리이론은 이모티비즘(Emotivism)이다. 과학의 모든 판단들은 참이거나 거짓이기 때문에 만일 이모티비즘의 분석이 맞는다면 도덕적 판단들은 과학적 판단으로 환원될 수 없다.

2. 자연주의, 비자연주의와 윤리학의 학문적 특성

윤리이론을 이렇게 세 가지로 분류함으로써 제기되는 중요한 이슈가 있다. 즉, 윤리학은 그 나름대로의 법칙을 갖고 있는 독특한 학문인가, 아니면 단순히 심리학과 같은 어떤 과학의 한 부류에 지나지 않는가? 만일 후자라면 우리의 윤리적 판단을 타당한 것으로 만들기 위해서 우리는 과학을 공부하지 않을 수 없을 것이다. 전자라면 그 나름대로 연구되어야 할 자율적 지식체계가 있다는 것이다.

공리주의와 홉스의 도덕이론은 자연주의적 이론이라고 볼 수 있다. 왜냐하면 이 둘은 모두 도덕적 판단을 심리적 주장을 다른 방식으로 표현한 것이라고 보기 때문이다. (물론 이 두 이론은 앞에서 보았듯이, 도덕 판단이 주관주의적이냐 그렇지 않으냐 하는 문제에 대해서는 다른 입장을 취한다.)

플라톤주의와 기독교 윤리이론은 비자연주의적 이론이다. 플라톤은 이 세계에는 의자와 식탁과 같은 **자연적 실체**가 있는 것처럼 선과 의(義) 등과 같은 **도덕적 실체**가 있다고 믿었다. 도덕적 판단이 참일 때에는 이러한 종류의 실체에 관한 것이지 자연에서 발견할 수 있는 실체에 관한 것이 아니다. 그러므로 도덕적 실체에 관한 학문인 윤리학은 다른 자연과학 중의 하나로 환원될 수 없다. 이러한 논리는 기독교 윤리에도 마찬가지로 해당된다. 기독교 윤리는 도덕적 판단을 신의 의지를 표현한 것으로 본다. 이 표현들은 참이 아니면 거짓이다. 그러나 이 표현들은 과학적 실험에 의해서 확인되거나 반박될 수 없다. 그러므로 기독교 윤리 역시 비자연주의적이다. 그러나 플라톤주의나 기독교 윤리나 모두 본질적으로 도덕적 진술이 경험적이고 과학적 진술은 아니지만 그럼에도 불구하고 과학적 진술과 유사한 측면이 있다. 왜냐하면 플라톤주의나 기독교 윤리 모두 무엇인가 존재하는 것에 대한 주장 즉, 존재하는 어떤 것에 대한 **묘사** 혹은 **서술**(Description)이기 때문이다.

3. 이모티비즘

에이어(A. J. Ayer, 1910-1989), 스티븐슨(C. L. Stevenson, 1855-1950), 카르납(Rudolf Carnap, 1891-1970)과 같은 수많은 20세기의 철학자들이 지지했던 이모티비즘에 의하면 자연주의나 비자연주의나 모두 잘못된 것이라고 한다. 이 이론은 무어의 입장을 취하기 때문에 도덕적 진술은 그 안에 있는 도덕적 요소가 어떤 것에 대한 묘사나 주장이 아니라는 점에서 과학적 진술과 유사하지 않다고 주장한다. 이모티비즘은 **도덕적 판단**은 과학적 절차에 의해서 참이라고 확증되거나 거짓이라고 입증될 수 없다는 점에서 비자연주의와 의견을 같이한다. 그것은 또한 도덕적 판단은 사람의 감정에 관한 것이라고 주장하는 점에서 (홉스의 입장과 마찬가지로) 자연주의적 형태의 주관주의와 의견을 같이한다. 그러나 감정에 관한 것이라는 의미가 전통적 자연주의 이론이 주장했던 의미로 말하는 것은 아니다. 왜냐하면 도덕적 진술은 전혀 묘사나 서술(Description)이 아니기 때문이다. 그것은 사람의 감정을 묘사한 것도 아니다. 도덕적 진술은 단순히 사람의 느낌을 표출(Expression)한 것뿐이다. 도덕적 진술은 밥을 먹은 후에 즐겁다고 '끅' 하는 트림이 만족스럽다는 것을 표현하는 것처럼 하나의 느낌을 표출하는 것에 불과하다. 우리가 '끅' 하는 트림을 참이나 거짓이라고 말할 수 없듯이 감정을 표현한 도덕적 판단을 참이거나 거짓이라고 말하는 것은 잘못이다.

제13장

동기주의, 결과주의, 의무주의

1. 세 이론의 차이점

윤리이론을 동기주의, 결과주의, 그리고 의무론으로 분류하는
것 역시 중요한 이슈를 제기한다. 이 세 이론들이 어떤 것을
말하는가를 살펴본 후에 문제가 되는 이슈를 논의해보려고 한
다.

만일 어떤 도덕이론이 행동의 옳고 그름이 그 행동이 이루어
진 동기에 달려 있다고 주장하면 그 이론을 동기주의적 윤리이
론(Motivist Ethical Theory)이라고 부른다. 칸트의 윤리학은 이
와 같은 이론의 대표적인 예이다.

만일 어떤 도덕이론이 행동의 옳고 그름이 전적으로 그 행동
의 결과에 달려 있다고 주장하면 그 이론을 결과주의 이론
(Consequence Theory)이라고 부른다. 공리주의가 결과주의 이

론의 전형적인 예이다. 결과주의 이론은 대개 두 개의 그룹으로 나뉜다. 하나는 쾌락주의적 결과이론이고 다른 하나는 아가시스트적(Agathistic) 결과이론이다. (아가시즘(Agathism)은 궁극적으로 모든 것은 선에 이른다는 믿음을 말한다.) 전자는 행동의 옳음과 그름이 그 행동이 낳는 결과가 고통이냐 쾌락이냐에 따라서 결정된다고 주장한다. 후자는 쾌락주의적 결과이론과 달리, 선(좋음)은 쾌락과 같은 것이 아니며 악(나쁨)은 고통과 같은 것이 아니라고 주장한다. 선은 마치 빨간 색깔은 유일하고 독특한 것이며 따라서 그 외의 어느 것으로도 환원될 수 없는 것과 마찬가지라고 한다. 이와 같은 이론은 무어에 의해서 주장되었다. 그는 주장하기를 행위의 옳음과 그름은 그 행위가 낳는 선 혹은 악의 양에 달려 있다고 한다. 그러므로 그것은 결과주의적 이론이긴 하지만 그렇다고 쾌락주의적 이론은 아니다.

의무론적 이론은 동기주의나 결과주의를 모두 거부한다. 이 이론을 대표적으로 주장한 학자들은 로스(W. D. Ross, 1877-1971)와 에윙(A. C. Ewing, 1899-1973), 그리고 프리차드(H. A. Prichard, 1871-1947)이다. 이들은 행위의 옳고 그름이 행위의 동기에도 달려 있지 않으며 행위의 결과에도 달려 있지 않고, 단지 그 행동이 어떤 종류의 행위냐에 달려 있다고 주장한다. 이들에 의하면 약속을 지키는 것은 옳다. 왜냐하면 우리가 약속을 하게 되면 그것은 약속이 갖고 있는 본성에 의해서 우리에게 그것을 지킬 의무를 부과하기 때문이다. 이 약속을 지킬 의무는 우리의 성향이나 혹은 약속을 지킴으로써 얻을 수 있는 결과와는 전혀 상관없이 부과된다. 의무론은 책임(Obligation)과 의무(Duty)를 강조하기 때문에 종종 '의무 윤리(Duty Ethics)'라고 불린다.

2. 세 이론의 차이로 생기는 실제적 결과

이 세 이론이 보여주는 불일치로 말미암아 그 실천적 결과에서 중요한 차이점을 보여주고 있다. 예를 들어 처벌의 문제를 생각해보자. 우리는 범죄자를 처벌하는 것을 어떻게 정당화할 수 있는가? 동기론에 의하면 범죄자들의 의도가 악하면 처벌하는 것이 정당화될 수 있다. 만일 어떤 사람이 다른 사람을 우발적인 사고로 죽이게 되었다면 그는 처벌받지 않는다. 그러나 그의 의도가 자기를 미워하는 사람을 죽이려는 것이었다면 그는 처벌받을 것이다. 왜냐하면 그는 나쁜 동기에서 행동했기 때문이다.

그러나 결과론은 이렇게 할 것을 거부한다. 처벌에 대한 유일한 정당화는 미래의 범죄를 예방하기 위한다는 데 있다. 만일 우리가 살인을 처벌하지 않은 채로 내버려두게 되면 모든 사람들이 마음대로 자기들이 미워하는 사람을 죽일 수도 있는 결과를 초래할 것이다. 우리가 범죄자들을 처벌하는 이유는 처벌한 결과로 인해서 더 이상의 범죄가 일어나는 것을 막을 수 있기 때문이다.

그러나 의무론자들은 동기론자들의 입장에도 결과론자들의 입장에도 동의하지 않는다. 그들의 견해를 대략 이야기하자면 이렇다. 우리가 범죄자들을 처벌하는 이유는 그들이 저지른 행위가 그릇된 것이기 때문이다. 범죄를 저지르는 것은 본래 그

룻된 것이며 따라서 그들의 범죄를 처벌하는 것은 정당한 행위이다. 선한 행위를 하는 사람은 보상받는 것이 당연하며 범죄를 저지른 사람은 처벌받는 것이 마땅하다. 이것이 범죄를 저지른 자에게 제재를 가하는 이유이다.

이제까지 설명한 정의(定義)에 근거해서 이 문제들의 일부를 좀더 자세하게 살펴보자. 여기서는 주관주의와 객관주의의 찬반론을 살펴보려고 한다.

제14장
주관주의와 객관주의 찬반론

1. 주관주의 찬성론

가. 언어 분석에 의한 논변

주관주의를 찬성하는 주된 논변은 우리가 도덕적 판단을 내리는 데 사용하는 언어의 분석에 기초한 논변이다. 우리가 이미 살펴본 대로 도덕적 판단은 어떤 것에 대한 진술이나 묘사(Description) 이상의 어떤 것이다. 도덕적 판단은 사실적 진술을 넘어서서 또한 처방이나 규범(Prescription)이기도 하다. 그것은 누군가에게 하는 명령이다. 그리고 그것은 평가이다. 그것은 개인적 가치를 표현한 것이다. 후자가 즉, 처방 혹은 규범이 도덕적 판단에서 보여주는 진정한 도덕적 요소이다. 이 요소는 묘사나 설명이 아니기 때문에 도덕적 판단이 참이냐 거짓이냐를 묻는 것은 어리석은 짓이다.

내가 어린애에게 "도둑질은 그릇된 짓이다"고 말할 때 내가 말하고 있는 것을 한번 검토해보자. 나는 아마도 도둑질은 우리가 살고 있는 사회의 법으로 금지되어 있는 것이라고 말하고 있는지도 모른다. 그러나 이것이 결코 이 문장이 포함하고 있는 내용의 전부는 아니다. 왜냐하면 나는 그 말을 함으로써 또한 그 아이에게 "훔치지 말라!"고 말하기 때문이다. 그뿐만 아니라 나 자신도 도둑질을 승인하지 못한다고 표현하고 있는 것이다. "도둑질하지 말라!"는 말은 하나의 주장이 아니라 명령이기 때문에 그 명령이 참이냐 거짓이냐를 묻는 것은 의미 없는 짓이다. 동시에 내 감정이 참이냐 거짓이냐를 묻는 것도 의미 없는 짓이다. 그러므로 모든 도덕적 판단은 주관적일 수밖에 없다고 볼 수 있다.

나. 감성으로부터의 논변

주관주의를 찬성하는 두 번째 논변은 '감성으로부터의 논변(Argument From Sentience)'이라고 부를 수 있다. 감정이나 욕구, 식욕, 태도, 지식 같은 것을 가지고 있는 존재가 하나도 살지 않는 세상 즉, 감성적 존재가 하나도 없는 세상을 상상해보자. 그런 세상을 구성하는 모든 존재는 감정이 없는 존재들일 것이다. 그런 세상에 있는 존재에게 선한 혹은 악한 일이 벌어졌다고 말하는 것이 과연 의미가 있는 말일까? 물이 바위를 침식하는 것이나 산사태가 자갈로 마을을 덮치는 것이 '나쁜' 짓인가 아니면 '악한' 짓인가? 주관주의의 답변에 의하면 '좋다'

혹은 '나쁘다'와 같은 술어(述語)를 이러한 사건에 적용시키는 것은 무의미한 일이다. 정(情)을 가지고 있는 존재가 이러한 사건으로 말미암아 영향을 받을 때, 혹은 영향을 받을 수 있는 가능성을 가지고 있을 때만이 그 사건들은 '좋다' 혹은 '나쁘다'고 말하는 것이 의미 있는 일이 된다. 그러므로 좋고 나쁨은 유정(有情)한 존재가 가진 감정, 태도, 그리고 욕구에 근거한다고 말할 수 있다. 나아가서 주관주의자들은 다음과 같이 말할 것이다. 좋은 것과 나쁜 것은 궁극적으로 사건에 대해서 어떤 태도를 취하게 되는 사람의 개인적 심리에 달려 있다고 볼 수 있다. 예를 들어 그 사건을 좋아한다든지 싫어한다든지 하는 심리에 달려 있다. 이와 같은 예로부터 어떤 형태의 주관주의는 참임에 틀림없다고 주장한다.

다. 이기주의에 근거한 논변

주관주의를 옹호하는 세 번째 논변은 이기주의에 근거한 논변(Egoistic Argument)이다. 이 논변은 공리주의와 같은 객관주의 이론을 거부할 때 쓰이는 논변이다. 최대 다수의 최대 행복을 위해서 일하는 것이 당신 개인에게는 불행이 온다면 무슨 소용이 있겠는가? 결국에 가서 당신보다 더 중요한 존재가 있을 수 있는가? 만일 어떤 행동이 다른 사람들에게는 복지를 가져다주는데 당신에게는 그렇지 못하다면 그것이 정말로 선을 위한 것이 될 수 있겠는가? 주관주의자들의 답변은 단호하게 "아니오!"라고 말할 것이다. 많은 사람들의 선을 위해서 일하는 것이 정당화되려면 반드시 그것이 동시에 혹은 결국에 가서 우리 자신의 선을 증진시키는 것이 되어야 한다. 그렇지 않다면 그러한 행동을 하는 것은 잘못된 일이다.

2. 주관주의 반대론

가. 주관주의는 어떠한 도덕적 논쟁도 해결할 수 없다

주관주의에 대한 첫 번째 반론에 의하면 만일 우리가 주관주의를 받아들이면 어떠한 도덕적 논쟁도 결코 해결할 수 없다는 것이다. 주관주의를 받아들인다면 어떻게 "히틀러가 6백만의 유태인을 학살한 것은 사악한 짓이다"고 말할 수 있겠는가? 주관주의에 의하면 이 말이 의미하는 바라고는 기껏해야 "나는 히틀러가 유태인 6백만을 학살한 것을 비난한다"는 것뿐이다. 그러나 만일 히틀러가 이 말에 대해서 반대하면서 자기가 유태인들을 죽인 것은 올바른 일이라고 주장한다면 그의 판단이 의미하는 바는 "나는 6백만을 살해한 것을 만족해한다"는 것이다. 그러므로 히틀러와 나 사이에는 진짜 갈등은 존재하지 않는다. 왜냐하면 그는 "나는 이 행동을 만족한다"고 말하고 있고, 나는 "이 행동을 비난한다"고 말하고 있을 뿐이기 때문이다. 결국 히틀러와 나는 단지 어떻게 느끼고 있는지를 이야기하고 있을 뿐이다. 히틀러와 나는 이 사람들을 죽인 행동에 대해서 말하고 있는 것이 아니다. 히틀러와 나는 각자 자신의 감정을 표현하고 있을 뿐이다. 나는 비난하고 그는 찬성한다. 만일 그렇다면 우리 사이에는 갈등이라는 것은 실제로 존재하지 않는다.

보통 사람들은 이러한 결과를 보고서 도덕이론으로서의 주관주의는 모순이라고 생각한다. 일상의 생활에서 우리가 "히틀러는 잘못했다"고 말할 때 그것은 우리의 감정을 말하고 있을 뿐 아니라 히틀러 자신과 히틀러가 저지른 행위에 대해서도 이야기하고 있다고 보아야 할 것이다. 그러나 그와 같은 이론이 현실과 모순되는 면이 있다고 해서 주관주의는 아예 지지받을 수 없는 이론이라는 말은 아니며 또한 보통 사람들이 그와 같은 상황에서 주장하는 것에 잘못이 없다고 말하는 것도 아니다.

나. 우리들의 도덕적 언어들은 공통점을 가지고 있다

주관주의가 안고 있는 두 번째 어려움은 다음과 같다. 사람들이 '좋다', '나쁘다', '옳다', '그르다' 등등의 말을 할 경우에 그 말의 의미를 제대로 쓴다면 그 의미는 어느 정도 똑같다고 봐야 할 것이다. 만일 그렇지 않다면 아마도 사람들 간의 의사소통은 불가능할 것이다. 우리들 사이에 분명히 의사소통이 이루어지는 것을 보면 이 말들은 어느 정도 상통하는 의미를 가지고 있음에 틀림없다. 그런데 주관주의에 의하면 두 사람이 이와 같은 도덕적 언어를 말할 때 결코 똑같은 것을 의미하지 않을 것이라고 한다. 왜냐하면 주관주의에 의하면 내가 "그것 좋다"고 말하면 "나는 그것이 마음에 든다"는 것과 똑같은 의미이고, 한편 당신이 "그것 좋다"고 말하면 당신이 그것이 마음에 든다는 것을 의미하기 때문이다. 처음에 사용된 '좋다'라는 말을 쓴 사람은 두 번째 사용된 '좋다'라는 말을 쓴 사람과는 다른 사람이기 때문에 그 의미가 다르다.

이러한 논리가 주관주의에 의한 결과라면 보통 사람들은 이러한 말들이 일상적 언어에서 일반적으로 사용될 때 실제적으로 공통적인 의미를 가지고 있다는 근거에서 이러한 견해를 거부할 것이다. 그러나 주관주의자들의 주장이 꼭 그런 결과를 가져오는 것은 아니다. 왜냐하면 주관주의자들은 '좋다'와 같은 복잡한 말이 두 개의 의미를 동시에 갖고 있다는 사실을 부인하지 않을 것이기 때문이다. 내가 어떤 것이 좋다고 말할 때 나는 내가 그것을 시인한다는 것을 표현하는 것만이 아니라 대부분의 사람들도 그것을 시인한다는 사실을 종종 환기시키는 것이기도 하다.

다. 의무의 개념을 설명할 수 없다

주관주의의 세 번째 어려움은 이 이론은 '의무 수행'의 개념을 정당화시킬 수 없다는 것이다. 의무 개념은 도덕에 있어서 분명히 중요한 개념이다. 우리는 매일의 생활에서 의무와 관련된 문제에 부딪치는 경우가 종종 있다. 평화로운 기질을 가지고 있으면서 또한 적으로부터 자신의 나라를 지키는 것이 자기의 의무라고 믿는 사람은 어느 쪽을 따라야 할지를 결정할 때 도덕적 고통을 겪을 수 있다. '의무 수행'의 개념은 적어도 어떤 때는 자신의 성향과는 거스르는 행동을 해야 할 것을 요구하는 때가 있다. 어떤 사람이 술을 마시고 싶은 욕구가 생길 수 있지만 늘 제 정신을 지켜야 하는 것이 자신의 의무인 경우가 있다. (예를 들어 '근무 중인' 의사가 그럴 것이다.) 간단히 말해서 보통 사람들은 적어도 때때로 자신이 원하지 않거나 하고 싶지 않은 일을 하는 것이 올바로 행동하는 것이라고 느끼는 경우가 있다. 그렇다면 주관주의가 이와 같은 의무 개념을 설명하기란 어려운 이야기이다. 왜냐하면 주관주의는 모든 도덕적 행위를 호(好, 좋아함)와 불호(不好, 싫어함)로 환원하기 때문이다.

3. 객관주의 찬성론

가. 객관주의는 상식과 부합한다

객관주의를 옹호하는 주된 논변에 의하면 객관주의는 주관주의보다 도덕적 문제에 대해서 상식적인 사람들이 갖는 견해에 더 부합하는 이론을 제공한다고 한다. 도덕적 불일치가 일어나는 경우를 생각해보자. 주관주의자들은 겉으로 볼 때 도덕적 논쟁으로 보이는 것도 양측이 사용하는 문장만 분석해보면(갑은 "그것이 좋다"고 하고 을은 "그것이 나쁘다"고 할 경우) 결국 도덕적 논쟁이 아니라는 것(갑이 의미하는 바는 "나는 그것을 좋아한다"이고 을이 의미하는 바는 "나는 그것을 싫어한다"이다. 이 때 갑, 을 각각 다 옳다고 볼 수 있다)이 밝혀진다고 주장한다. 그런데 객관주의자들은 도덕적 문제에 대한 논쟁과 사실 문제에 대한 논쟁 사이에는 본질적인 차이가 전혀 없다고 주장한다.

도덕적 논쟁에 있어서나 사실 논쟁에 있어서나 모두 완전한 불일치라는 것이 있을 수 있다. 즉 한 쪽은 옳고 다른 한 쪽은 그릇될 수가 있는 법이다. 내가 "지구 밖에도 생명체가 있다"

라고 말하고 당신은 그렇지 않다고 말한다면 우리들 중 한 쪽은 맞고 다른 한 쪽은 틀린 것이다. 마찬가지로 객관주의자들은 말하기를 만일 내가 "도둑질은 나쁜 것이다"라고 주장하고 당신은 그렇지 않다고 주장하면 우리들 중 한 명은 맞았고 한 명은 틀린 것이다. 우리는 단순히 우리 자신에 대해서 그리고 우리가 도둑질에 대해서 어떻게 느끼는가를 말하고 있는 것이 아니다. 우리는 도둑질에 대해서 그리고 그것이 옳은지 그른지에 대해서 말하고 있는 것이다. 간단히 말해서 우리가 말한 도덕적 문장은 외계의 생명체에 관한 문장이 객관적인 증거를 갖고 있듯이 똑같이 객관적인 증거를 갖고 있다. 이러한 견해를 가진 철학자들을 우리는 종종 도덕적 실재론자라고 부른다.

보통 사람들도 또한 이렇게 믿는다. 그들은 히틀러가 올바른 행위를 했느냐 안 했느냐는 문제를 개인의 선호(選好) 문제가 아니라고 믿는다. 그들은 사람들을 고문을 하거나 살인하는 사람은 누구든지 사악한 범죄를 저지르고 있다고 믿는데 그것은 어느 정도 객관적 근거가 있는 믿음이다. 그러므로 객관주의는 우리가 가지고 있는 강력한 느낌 즉, 도덕적 문제에 대해서 실제적으로 옳고 그름을 따질 수 있는 논쟁은 가능하다는 우리의 느낌과 부합한다.

나. 객관주의는 의무의 본성을 설명해준다

둘째로 객관주의를 통해서 우리는 '의무'의 본성을 설명할 수 있다. 보통 사람들은 자신들이 원하건 원하지 않건 자신들의 삶에서 반드시 수행해야 할 어떤 의무가 있다고 느낀다. 이러한 의무는 우리가 그것을 무시하든 그렇지 않든 존재하는 객관적 사실이다. 그러므로 만일 내가 의사라면 어떤 사람이 사고로 다친 것을 보았을 때 그 사람을 치료하는 것은 그 일이 아무리 귀찮다 해도 나의 의무이다. 물론 이 일보다 훨씬 더 즐거운 일을 하겠다는 생각(예를 들어 파티에 가겠다는 생각)을 할 수 있다. 하지만 만일 내가 다친 사람을 무시하고 파티에 간다면 나는 그릇되게 행동하는 것이 틀림없다. 우리는 때때로 하고 싶지 않지만 반드시 해야 할 일들이 있다. 이 사실을 강조한다는 면에서 볼 때 객관주의는 주관주의보다 훨씬 더 상식에 부합한다고 볼 수 있다. 그러나 그렇다고 해서 주관주의자들이 우리들이 의무감과 책임감을 가지고 있다는 사실을 부정하는 것은 아니다. 주관주의자들은 단순히 그와 같은 감정들이 도덕에서 어떤 객관적인 지위를 갖고 있다는 주장을 받아들일 수 없다는 말이다.

4. 객관주의 반대론

객관주의 즉, 도덕적 실재론이 갖고 있는 가장 큰 어려움의 중심에는 어떤 행동이 옳은 것인지 아니면 그릇된 것인지를 어떻게 입증하느냐는 문제가 놓여 있다. 객관주의자들은 과학적 가설을 입증하는 방법과 도덕적 가설을 입증하는 방법 사이에는 실제로 어떠한 차이도 없다고 주장한다. 그러나 객관주의 비판가들은 그렇지 않다고 한다. 과학적 주장을 입증하는 데 있어서 본질적으로 선행되어야 할 것이 두 가지 있다. 첫째, 당사자 양측이 때때로 실험적 방법이라고 불리는 공통의 방법을 받아들여야 하며 둘째, 이해관계가 없는 제3자가 증거를 검토한 후에 판단을 내리는 것을 양자는 기꺼이 받아들여야 한다. 과학적 논쟁의 해결에 있어서 본질적인 이 두 특징이 도덕적 논쟁에는 없는 것으로 볼 수 있다. 예를 들어 도덕적 갈등에 있어서 이해관계가 없는 제3자가 양측의 의견에 대해서 찬성한다든지 반대할 때에 어떤 것을 증거로 내놓아야 할지 알 수가 없다.

안락사의 경우를 예로 들어보자. 한 쪽은 안락사가 옳다고 하고 다른 한 쪽은 그르다고 주장한다고 하자. 이 때 양측이 안락사와 관련된 사실들에 대해서는 얼마든지 의견이 같을 수 있다. 예를 들어 양측은 모두 다음과 같은 사실에 동의하고 있다. 첫째, 환자가 현재의 의학으로서는 고칠 수 없는 질병으로 죽어가고 있었다. 둘째, 환자는 심한 고통 속에 있었다. 셋째, 환자는 자신의 고통을 벗어나기 위해서 목숨을 끊기를 고집했다. 그리고 안락사를 시행한 사람은 타당한 동기 즉, 고통을 덜기 위한 동기로 그렇게 했다. 그럼에도 불구하고 한 쪽은 사람의 생명을 끊었으니 잘못된 일이라고 주장하는가 하면 다른 쪽은 그것은 올바른 일이라고 주장하고 있다. 관련된 사실들을 더 모아들인다고 해서 이 논쟁이 해결될 수 있을까? 과학적 문제를 해결하는 데 있어서 그 증거가 결정적인 것이 아니라면 과학적 가설을 믿을 이유가 더 이상 없다. 이 때 할 수 있는 일은 판단의 보류이다. 그러나 만일 우리가 살인자의 재판에 참여하고 있는 배심원 중의 한 사람이라면 과연 판단의 보류를 할 수 있겠는가? 이 때 우리는 어떻든 결정을 내리지 않을 수 없다. 그러나 어떻게 판단을 내려야 하는가? 이 때 도덕적 주관주의자들은 다음과 같이 답을 할 것이다. 결국 우리는 우리의 감정과 선호를 검토한 후에 그것을 가지고 결정을 내릴 수밖에 없다. 이것만이 유일하게 가능한 답이다. 이에 대해서 객관주의자들은 그렇지 않다고 답하겠지만 어느 쪽이 올바르고 어느 쪽이 그른지에 대한 증거를 보여주기는 힘들 것이다. 바로 이러한 어려움 때문에 주관주의자들은 도덕적 진술은 과학적 진술과 다르며, 따라서 과학과 같은 객관성을 가질 수가 없다고 주장한다.

찾아보기

최 유 신

중앙대학교 철학과를 졸업하고 같은 대학원에서 석사, 박사학위를 받았다.
미국 인디애나대학교 철학과에서 두 번에 걸쳐 방문교수로 연구과정을 거
쳤으며, 지금은 선문대학교 철학과 교수로 재직 중이다. 주요 논문으로는
「John Locke의 관용론 연구」, 「John Rawls의 정의론 연구」, 「관계의 측면에
서 본 관용과 사랑」, 「K. Barth의 인간학 연구」, 「로크의 자연권과 그것에
상응하는 의무에 관하여」 「Plato's Moral Politics from the Viewpoints of
'United Constitution with Dual Purposes'」, 「로티의 관용에서 가다머의 관용으
로」 등이 있으며, 역서로는 『동양고전철학입문』, 『전쟁과 평화의 윤리』가 있
고, 저서로는 『12가지 철학이야기』가 있다.

윤 리 란 무 엇 인 가
·
2006년 11월 5일 1판 1쇄 인쇄
2006년 11월 10일 1판 1쇄 발행

지은이 / 최 유 신
발행인 / 전 춘 호
발행처 / 철학과현실사
서울시 서초구 양재동 338-10
전화 579-5908 · 5909
등록 / 1987.12.15.제1-583호

ISBN 89-7775-604-9 03190
값 12,000원